JN409205

대한사이버문학
2017 + 제 27 호

청춘은 여행이다

http://cafe.daum.net/hankuk2003

오늘의문학사

청춘은 여행이다
제27호 2017

인 쇄 일 : 2017년 3월 15일
발 행 일 : 2017년 3월 18일
지 은 이 : 대한사이버문학회
편집주간 : 서혜원
편집위원 : 정이식 이상야 천홍자

http://cafe.daum.net/hankuk2003
▸ 구독신청 및 광고문의 : cryingbird50@hanmail.net
H.P 010-9705-7906
▸ 정기구독료 및 도서신청 입금 계좌번호
예금주 : 국민은행(서혜원) 056-21-0024-343

조판 · 인쇄 : 오늘의문학사
대전 동구 대전로 867번길 52 (삼성동) 한밭오피스텔 206호
☎ (042) 624-2980
✉ hs2980@hanmail.net

ISBN 978-89-5669-806-9
값 12,000원

이 도서의 국립중앙도서관 출판예정도서목록(CIP)은 서지정보유통지원시스템 홈페이지(http://seoji.nl.go.kr)와 국가자료공동목록시스템(http://www.nl.go.kr/kolisnet)에서 이용하실 수 있습니다.
(CIP제어번호: CIP2017006404)

청춘은
여행이다

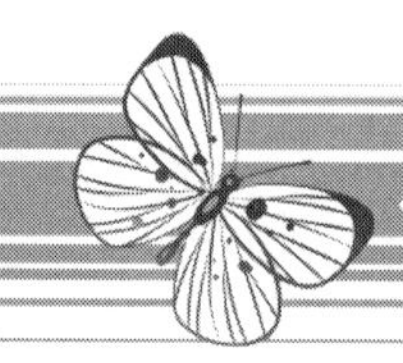

창작습관

서 혜 원
(대한사이버문학 설립자)

창작인들에게는 그들 나름대로의 창작습관을 가지고 있다고 생각합니다. 제 생각으로 창작습관은 갑자기 생긴 것이 아닌, 성장과정에서 생긴 버릇(?)의 연장이 아닐까라고 생각합니다.

제가 알고 있는 시인께서는 평소에는 조금도 까다롭지 않은 분인데 창작습관만큼은 퍽 번잡해보였습니다. 아무데서나 떠오르면 쓰는 것이 아닌 자신의 방에서 호롱불을 켜야만이 글이 써진다는 것입니다. 전기불이 안 들어오던 시인의 어린 시절, 호롱불 밑에서 공부하던 습관 때문이 아닐까 하는 생각이 들었습니다.

술을 마시지 않고선 글이 써지지 않는다는 소설가도 계셨습니다. 문학장르 중 소설 창작은 중노동이라고 합니다. 소설가의 취중 창작은 굽이굽이 막힌 의식을 넓혀주고, 배배 꼬인 글줄을 술술 풀리게 해 장시간 집중할 수 있게 하지 않았을까 하는 생각이 들기도 합니다.

다음(daum) 블로그에서 세계 작가의 창작습관을 찾아보니, 붓을 들기 전에 샴페인을 반 병쯤 마시고 나서, 찬물에 발을 담근 다음 글을 쓴다는 독일의 시인 실러가 있었고, 문장을 짧고 간결하게 하기 위해 한 발을 들거나 아예 서서 썼다는 미국의 소설가 헤밍웨이의 독특한 창작습관도 있었습니다. 숲속에서 작품을 구상하고, 숲속에서 글을 쓰는 것을 좋아했다는 동화작가 안데르센의 습관은, 동심의 순수함을 표현하는 작가답다는 생각도 듭니다. 안톤 체홉은 집이 비좁아 창턱에 엎드려서 글을 썼다고 합

니다. 왠지 글 쓸 공간조차 갖고 있지 못한 작가의 가난이 떠오릅니다. 보봐리 부인의 작가 플로베르의 서재에 놓인 푸른빛 스탠드는 밤새 꺼질 줄 몰라, 세느강을 마주하고 난 창문을 통해 항상 불빛이 흘러, 세느강에서 일하는 어부들의 이정표가 되어주었다고 합니다. 때문에 "플로베르 창문의 푸른 등"이라는 낭만적인 말까지 전해지고 있다고 합니다. 시인 하이네는 누워야만 글이 떠올랐다고 하고…

그렇다면 대한사이버문학 동인님들의 창작습관은 어떠할까 심히 궁금합니다. 저는 글을 쓸 때 특별한 습관이 없습니다. 책상 앞에 진득이 앉아 있을 새가 없는 일상인 터라, 작품 구상은 일하는 사이사이 하고 있는 것 같은데, 막상 쓰려고 책상 앞에 앉으면 여전히 막막합니다. 작품완성이 급해지면 억지로 책상 앞에 앉아 낙서를 합니다. 이말 저말, 떠오르는 대로 컴퓨터 자판기를 두드립니다. 그래도 떠오르지 않아 갈피를 못 잡으면 그냥 '멍 때리기'를 합니다. 그래도 방향 설정이 안 되면 부엌으로 갑니다. 애꿎은 커피만 마셔대다가 그마저도 별 도움이 안 되면, 먹을 것을 찾아 냉장고 문을 여닫기 시작합니다. 그래도 안 되면 볼 일 못 본 강아지처럼 방 안을 이리저리, 뱅글뱅글 돕니다. 끊임없이, 무엇인가 쓸 수 있을 때까지, 그마저도 떠오르지 않으면 그날의 글쓰기는 실패하고 맙니다. 가끔씩 그 모든 잡다한 행동을 멈춘 채 집중할 때가 있습니다. 행복한 순간입니다. 드물게 찾아오는 이 행복한 순간에 취해 진정한 글쟁이인 것처럼 온 동네에 소문을 내고 싶어 합니다.

대한민국이 대통령 탄핵으로 온통 시끄럽습니다. 대한민국이 좋은 정치 습관을 갖기 위한 아픈 과정이라고, 온 국민이 한 마음으로 극복해 나갈 수 있기를 간절히 바랍니다.

대한사이버문학 27호에도 표지화를 주신 백규현 화백님과 출판을 맡아주신 오늘의문학사 편집팀, 그리고 작품을 주시고 출판비를 후원해주신 대한사이버문학 동인님들께 깊이 감사드립니다. 동인님들 가정마다 행복이 가득하시길 빌겠습니다. 감사합니다.

2017. 3

대한사이버문학 제27호

수필

아동문학(동화)

꽁트

단편소설

시 · 시조

무 담 설화 외 6편
박덕균 봄비 오던 날 외 9편
박은경 고드름 외 4편
서병달 강 외 9편
서부련 텃밭에 오는 봄 외 3편
이동숙 유리 성을 나오면서 외 4편
이상야 민들레의 친구 외 9편
황의진 기억 외 9편

시
무담

설화

동장군 칼바람에
가냘픈 나뭇가지
몸부림치며 울었나보다

울음 울어 피어난 꽃
가지가지마다
송이송이 하얗게
서럽게 피었다

너무 고와서
손때 묻을까봐
차마
손 내밀지 못하고

손대면
또다시 울어버릴 것 같아
그저 넋 놓고 바라보며
손톱만 깨물고 있었다

- 1954년 9월 3일 출생
- 법명 : 무담
- 대한사진작가협회 진주지부 회원
- 스님(명성사 주지)
- 대한사이버문학회 회원
- Tel : 010-7559-4404 / Fax : 055-973-4496
- E-mail : pride1268@hanmail,net

보릿고개

꼴 한 짐 짊어지고
해 그림자 길동무하여
토담길 정겨운 골목어귀 들어서면
밥 짓는 냄새 구수하련만
이집 저집 굴뚝에 냉기만 감돈다

술찌개미 배를 채우고
멍석에 몽치 베고 누워보니
별님들 춤추며 다가온다
둥근 달 나를 안고 춤을 춘다

초근목피로 붙여 놓은 생명
이산 저산 소나무 흰 매미들 붙었다
산에 들에 나물 뜯는 아낙
눈물로 얼룩져 목화송이 같다

젖 달라 칭얼대는 어린 자식
빈 젖 물려 뼛속 저미는 아픔
눈물은 골 깊은 주름을 타고
동여맨 치마끈 허리가 잘린 어머니

어딜 가셨나
일생을 웃음 잃고 사시더니
액자 속 그림으로 웃음 찾으시고
허물어진 담 너머 이웃 가시듯
그렇게 가신 어머님 영전에
애끓는 호곡성만 빈자리 메운다

행복이란

아파트 끝자락
안개 속 가로등도 졸고
모든 것이 잠이 든 시간
은은히 귓전을 울리는 소리

허름한 포장마차 안
삶에 지친 아내를 바라보며
시링크스의 맑은 음률로
사랑의 메시지를 보내는 남편

별들도 깜박 깜박 졸음을 쫓고
길 지나던 객들도
홀린 듯 이끌리어
행복을 먹고 간다

행복이란
나보다 남을 생각해주는
그 마음속에 숨어 있었나 보다
머금은 미소가 무언의 해답

자연

어제도 오늘도
일어나 눈 뜨면
반겨주는 임
합장으로 감사를 표한다

무언의 큰 스승
무심의 베품
무시 이래로
첫 마음 그대로

어이 알리 저 깊은 마음을
육신은 난도질에 흔적이 없다
어이 알리 저 쓰라린 아픔을

차면 넘치련만
채워도 채워도 차지 않는
끝간데 없는 인간의 욕망
스스로 무덤을 판다

어쩌면
그대의 모습
추억으로 남겨두고
영원히 잃을 것 같다

못다 핀 사랑아

사랑했던 사람아
우리 이생 졸업하여
한 줌 재로 흩뿌려지면
돌장승으로 서보자

세월이 변심하여도
변하지 않는 마음으로
나는 신랑 장승
너는 각시 장승

이승 길면 얼마이련가
가슴 조이며 눈물 흘리지 말고
천 년 만 년
한 마음으로 서보자

찾는 이 없으면 어떠리
오색실바람 산새소리 벗 삼으며
바라만 보아도 좋은 사랑
심산유곡인들 어떠리
바라만 보아도 좋은 사랑아

목 ㅁ ㄹ

휘영청 밝은 달이
오늘따라
나의 발길을 잡는다

인생사
무엇을 위해
허더덕이며
무엇을 남겼는가

오늘 밤
너를 벗 삼아
한 잔 술 기울이며
시린 마음 달래보련다

한 잔 두 잔
육신을 녹이는 술이련만
나의 빈 마음
채워줄 연인이 없어
또 다시 쓸쓸해지는구나

연인이란
구미호 같다지만
세상사
필요악인가 하노라

낙조(落照)

바람이 손짓하고
구름이 포옹을 하니
수줍은 얼굴
연시같이 붉어졌다

숨고 싶어 달려가다
서산마루 넘지 못하고
달아오른 몸
남해에 담근다

황금 빛 물이 든 바다
저 멀리 금나비 은나비
무리지어 춤을 추고
갈매기 노래로 화답을 한다

춤추는 파도 넘어 넘어
보일 듯 말 듯 똑딱선도 춤을 춘다
홍타령 홍타령
울 아부지 포구로 들어오신다

시
박덕균

봄비 오던 날

영산홍이 폭삭 무너지고
아카시아 흐드러지던 날
종일 비가 내렸다.

목마름에 지친 초목들이
지천으로 널브러진 수액을 빨아들이며
시원한 진초록이 되고 있었다.

툴툴거리던 송홧가루
삼삼오오 물길을 따라
그리운 바다로 떠나고

잊혀져가는 예쁜 새침데기
그렁거리는 빗방울에 얽혀
물안개로 피어오르고 있었다.

- 1963년 11월 14일(음) 경기도 여주 출생
- 여주고 졸업
- 현 여주시청 재직
- 2012년 9월 《문학사랑》 시 부문 신인상 당선
- 2015년 9월 시집 『송전탑은 거기에 있었다』 출간
- 문학사랑 회원, 대한사이버문학회 회원
- E-mail : pdkun@daum.net

방황의 순례

벌써 한 달 가까이
마음을 가다듬지 못하고 있다.

선머슴 같은 사이비 글쟁이가
고심 끝에 첫 시집을 내고
지인들 축복의 언저리에서
싱숭생숭한 나날을 보낼 무렵

호사다마란 말이 무색하리만큼
어처구니없는 실수로 시험에 낙방하곤
책도 읽지 않고 글 한 줄 쓰지 않으며
술자리만 쫓아다니고 있다.

책을 낸다는 강박관념에
너무 자신하던 시험의 결과가
자괴감으로 이어지면서
심신의 충격이 더욱 크게 온 듯하다.

버려야 하는데
초심으로 돌아가야 하는데
얽히고설킨 매듭을 풀어 금강석을 다듬듯
마음을 곧추세워야 하는데

흐려지고 무뎌진 정신은
아픔을 곱씹으며 자꾸만 벽을 키우고
이제까지의 마음의 빗을 갚으려
헛물만 켜고 있다.

궁합

꽃이 피고 지는 건
땅의 기운 때문
하지만 땅의 기운은
하늘의 운명

하늘이 기쁘면
땅도 기쁘고
하늘이 슬프면
땅도 슬프다.

만물의 생멸은
하늘의 천변만화에 따른
땅의 수궁에 기인하나니
하늘과 땅은 궁합이 제일이다.

꽃이 웃으면 세상이 따뜻하고
꽃이 울면 세상이 시린 것
하여 하늘은 늘 땅을
사랑으로 배려해야 한다.

술꾼

만나지 말자면서
은근히 기다리고

집으로 곧장 가자면서
발길은 친구를 찾고

이제 그만 마시자면서
무심결에 또 한 병 더

먼저 한 얘기 또 하고
지난 얘기 또 하고

지겹다 지겹다 하면서
왜 또 거기에 있는지

오신다는데

조만간 오신다지요.
오신다는 기약은 없었지만
꼭 오시리라 믿었어요.

가신지 한 해가 다되어 가는 동안
보고 싶은 마음 졸이다가
오신다는 소식을 듣고
얼마나 반가웠는지 몰라요.

그런데 어떡하지요?
기다리다 지친 건 아닌데
마음이 변한 것도 아닌데
이젠 제가 떠나게 되었네요.

하지만 언젠가 볼 수 있을 거라는
실낱같은 희망은 두고 갈게요.
떠날 때는 말없이 간다지만
티끌 만 한 고까운 정이라 생각하세요.

혹여 서운한 마음에
전혀 생각지 않는다 해도
홀연히 기억에서 지운다 해도
그렇게 많이 아프진 않을 거예요.

비록 볼 수는 없지만
살가운 봄바람 같은 추억은
소중히 담아 가니까요.

정월 대보름

천지인(天地人)이 합일하고
사람을 받들어 일을 이루며
모든 민족이 하늘의 뜻에 따라 화합하고
생생력(生生力)으로 풍요를 상징하는 날

새벽에 일어나 귀밝이술을 마시고
부럼을 깨물어 병마를 몰아내고
더위를 팔아 삼복을 이겨내고
오곡밥과 약식을 먹으며 배부름을 기원하고

지신밟기, 달집태우기, 쥐불놀이
윷놀이, 줄다리기, 연날리기하며
못된 귀신을 몰아내어 풍년을 기원하고
달맞이를 하고 복조리를 걸어 복을 빈다네.

이제는 점점 퇴색해가는 설날과 한가위같이
슬그머니 조금씩 잊혀져가는
태곳적부터 내려오던 민족의 명절
언제까지나 되살리고픈 우리의 명절

가을 단상

고추잠자리 찬바람에 시들거리고
갈참나무 자식들 다 버리며
낙엽으로 나비춤 출 때
황금들녘 황톳빛으로 물들었다.

소나무 털갈이에 바늘 밭이 소복거리고
단풍나무 피멍으로 속울음 울며
빈 남자 황혼을 다독거릴 때
귀뚜라미 이슬로 가을을 탄다.

출장 가는 길

시큰둥한 아침을 보내고
피치 못해 나선 출장길
찌뿌듯한 몸을 추스르며
내 할 일, 누가 해주랴
가야지 선선히 가야지
이렇게 마음을 달래본다.

라디오에서 흘러나오는
노랫소리에 흥을 돋우며
손장단에 어깨를 들썩이니
도로와 차가 한결 가벼워지고
차창 밖으로 산들거리는 바람에
흙내음, 꽃내음이 물씬거린다.

업무에 지치고 민원에 지친
천근의 어깨는 이미 사라지고
산과 들에 지천으로 흐드러진
꽃들에 정신이 어리바리한데
비가 내린다, 그것도 꽃비가
분홍, 연분홍, 흰색 꽃잎이
하늘하늘 세상을 수놓는다.

기능장을 먹다

새벽부터 비가 내리고
알코올에 찌든 몸이 잠을 설쳤다.

늘 같은 일상을 배반하고
두서없이 서두른 출근
쓴 커피 한 잔으로
두근대는 심장을 다독거리며
느려터진 시계 초침을 째려본다.

동료들과의 잡담에
잠시 깜박이던 시간 속으로
문자가 날아왔다.
"기능장 제59회 최종합격을
 축하드립니다."

짜릿한 전율이 번개처럼 스쳐가고
곤두서는 살갗 위로 번지는 미소 속으로
이제 정말 끝났구나 하는 안도의 한숨

서둘러 홈페이지를 확인하고
빗속을 내달린다.
자격증을 찾으러

단비

겨우내 기다리던 눈은
석 자 길이 함지박에 담을 만큼도 오지 않더니
봄기운이 스멀거리는지
새벽부터 종일 가랑비가 추적대고 있다.

축 가라앉은 기압으로
세상은 온통 뿌연 안개에 묻혀버리고
답답함을 허물 그 무언가를 바라는 가슴은
빗방울의 간헐적 파랑에 어수선하다.

설날 부모님 산소에 푸석거리던 잔디에서
피어오르던 흙먼지를 생각하며
오랜 가뭄 끝에 이렇게라도 내리니
참 예쁜 단비라고 다독여보지만

베이스기타의 굵은 저음 같은 날씨에
저린 허리와 무릎을 부여잡고
한여름 장맛비처럼 시원스레 쏟아지는
장대비를 간절히 그려본다.

시
박은경

고드름

와장창
무언가 깨지는 소리
예리하게 내리 꽂힌
고드름 하나

빈 화분을 박살내고
파편 되어 흩어졌다

각시방 영창에 매달아 놓은
수정같이 곱게 빛나던 네가
엄동설한 찬바람에 한을 품었나
비수가 되어 나를 노리고 있다

이 겨울 다 가도록
출입구에 매달려 시퍼렇게 날 세우며
등골 오싹한 휘파람 불며
나를 부르고 있다

- 1961년 10월 14일(음) 본적(전북 고창)
- 현 주소-미국 미네소타주
- 《문학사랑》 수필부문 신인작품상(2012), 인터넷 문학상(2014) 수상
- 풍경문학 시조백일장 우수상(2014), 시 부문 신인상(2015) 수상
- 문학사랑 회원, 대한사이버문학회 회원
- 연락처 : ukg7742@hanmail.net
- E-mail : ugk7439@hanmail.net

고장난 오른손

칼질도 가위질도
젓가락질도
힘이 든다

어깨에 팔꿈치에
손목까지
무리가 왔단다

파스를 붙여 보고
약을 먹어도
효과를 못 보고

오십 년 혹사한 죄
벌 받나보다
걱정되는 마음

아끼며 사랑하마
위로해 봐도
여전한 통증

내일은 좋아지길
기도 하면서
저린 손 끌어안고
잠을 청해본다

다듬이 소리

땅 땅 또다다다 또다다다 다
매끈한 방망이가 노래를 한다
시어머니 마주앉아 깊어가는 밤
땅 땅 또따또따 청아한 소리

가살쟁이 시누이의 시집살이도
고주망태 서방님 미운 마음도
한바탕 두드리면 시원해지고
다시금 살아가는 힘이 생기고

화강석과 박달목의 어울림처럼
전혀 다른 너와 내가 엮어 나가는
긴 세월 함께하는 정다운 소리
신명나게 또닥또닥 또다다다다

콩의 변신

형님이
보내주신
햇콩 한 되를
시루에 앉혔다

짬짬이
물을 주고
사랑도 주니
살아 움직인다

어느새
키가 훌쩍
늘씬한 몸매
지금이 딱이다

콩밥을
싫어하는
우리 식구들
콩나물은 별미

다음엔
네모 반듯
두부 만들기
도전해 볼까나

시조
박은경

참 좋은 벗

깨복장구 코흘리개
반백 년 세월 동안
티격태격 다투기도
한두 번 아니었지
아직도 사랑하는 너
평생지기 친구야

피를 나눈 형제만큼
편하고 가까워라
한결같은 너의 사랑
갚을 날 언제 올까
오늘은 너를 그리며
홀로 술 잔 비운다

시
서병달

강

허여멀건 하게 보이는 곳 얕아 보여
예사로 보이고

푸르딩딩하게 보이는 곳 깊은 것 같아
경계심 일고

시퍼렇게 보이는 곳 아주 깊은 것 같아
공포심 인다

• 대한문학세계 시부문 신인상
• 팔도문학 · 밀양문협 회원
• 대한사이버문학회 회원
• E-mail : smupil@hanmail.net

고목

혼신의 정열로 지나온 세월
이젠 숨이 가쁘다
한과 분노는 가지 끝에서 삭고
아픈 기억들은 뿌리에 묻혀
더러는 에너지가 되기도 했다

아직 못다 간 길 멀고
못한 일 못한 말
적지 아니 남았는데
해는 지고
달은 기울고

모든 아쉬운 훌훌 털면서
나의 춤은 언제 어디서
끝맺음을 해야 할까
잎은 또 피었다가
지고
다시 피었다가
지는데

까마귀의 소도(蘇塗)

산골짝마다
울려 퍼지는 산탄총 소리

표적은 고라니 멧돼지 꿩 등
총소리에 놀라 엉겁결에
강변으로 몰려든 까마귀 떼

당뇨병 영감님을 둔 할머니 눈엔
특효약으로만 보이는데
사냥꾼은 못들은 체 고개 돌렸다

상수원 보호구역인 강변은
까마귀들의 소도가
됐다

나락 말리기

펴놓은 비닐 위에 누워
땡볕에 몸 말리는 나락이 애처롭다
보릿고개 이야기하면
라면과 햄버거 들먹이는 세대가
음식문화의 주류가 되어
나락은 창고에 쌓여만 가고
이웃 사람들 눈치 보느라
동네 인심도 야박해져간다
쌀 팔아 자식 뒷바라지
아득한 전설
전설은 이제 신화가
되려한다

흔들바위

신홍사 입구에서 2.7킬로메타
땀 흘리며 가쁜 숨 몰아쉬며
힘겹게 올라왔다

혼자 밀어도 흔들리고
열이 밀어도 똑 같이 흔들린다더니
아무리 용을 쓰고 밀어도
꼼짝 않는다

힘이 모자라는 탓인지
손을 많이 타는 바람에
몸살이 나서
앓아누워 버린 건지

호기심은 조각나고
기대감은 햇살에 안개 스러지듯
사라졌다

여기서 울산바위까지는 0.7킬로메타
계단은 팔백하고도 여덟 개

좌절감에 체력은 진공이다
발길을 돌렸다

그냥 마음속에 사진 한 장 걸어두고
때때로 밀어봐야겠다

울산바위 너 또한 마음속에
사진 한 장 걸어두고
먼 이곳까지 왜 왔는지
자문자답하고 말리라

숨은 나이

고희를 목전에 둔 지금도
나이를 말하면
양치기 소년 짝 난다

눈꼬리 치떠서 믿을 수 없다며
이실직고하라는 사람들 때문

마지못해
주민등록증을 끄집어내어
호기심 가득 찬 눈 앞에
들입다 밀면

똥그래지는 눈
손은 머리 긁적이고
미안한 듯 무안한 듯
사람 실수하게 한다며
오히려 눈 흘긴다

또래가 아니라며
다가가면 물러서던 사람들
또래라며
물러나도 다가오던 사람들

보이는 것만이
진실은 아닌데

노상 키스

초여름 뙤약볕 아래
젊은 커플 한 쌍
꼭 끌어안고
입술을 비벼댄다
잠시 후에
별일 아니라는 듯
다정하게 손잡고
걸어간다

부러움에
긴 한숨
아쉬움
담뿍

매듭 풀기

산다는 것은
얽힌 매듭을 푸는 일
온 힘을 다하여 풀면
어느새 또 얽혀있다

풀고 풀다 보니
열 손가락 지문 다 문드러지고
손톱마저 다 닳았다

이제는 발톱으로
죽을힘을 다하여
또 풀고 있다

다짐

정유년 첫날
반쯤은 걸어서

반쯤은 떠밀려서
예까지 왔다

지금부터라도
마음이 시키는 대로만
해야지

빛과 그림자

이승과 연을 단절한
모 유명인의 부음 소식이 떴다
오랫동안 잘 나갔어도
지나간 일은 찰나였고
힘겨운 시간 짧아도
하루 해가 여삼추다

즐거움은 함께하면 배가 되고
슬픔은 함께 나누면 절반이 된다지만
품삯이 필요하면 손사래 치는 몸짓들
부모 팔아 친구 산다는 말은
관념의 말장난 글장난이지

첩첩산중 같은 외로움 노도같은 고통
세상인심이란 게 뒤통수치기와
다르지 않다는 것을 알 즈음
이별은 문간을 기웃거리고 있었다

굵고 짧은 인생이란
가늘고 긴 인생이란
떠나야 하는 길 외엔 길이 없는데
이야기를 좀 덜 하고 더 하고
세상을 좀 덜 보고 더 보는
그런 차이겠지

시
서부련

텃밭에 오는 봄

손바닥만 한 텃밭에
봄, 여름, 가을 내내
상추, 부추, 방울토마도
연이어 불긋불긋 영글더니
어느덧 흔적도 없어
지금은 황량한 텃밭에
청매화, 홍매화 두 裸木만 남았네,

이제금
북풍한설 휘감던 앙상한 가지에
아직도 잔설이 남았는데
세상만물이 눈을 뜨는 이 봄에
꿔서는 안 될 악몽에서 깨어나
봐서는 안 될 참상으로 널브러진
겨울의 잔해를 비집고
홍, 청매화 가지에 도드라진
보았는가? 꽃눈을~~~!

- 1948년 인천 출생
- 한국문인협회 회원, 21C 한국시인회 이사
- 동인시집『마음 열고 숲에 서리라』『들풀 소리』『제 몫을 다한화음』
- 고교 영어교사 역임. 특별법인 한국해운조합 봉직
- (주)HL해운 상무이사 역임. 현) 중국 (주)청도MK통상 대표이사
- 대한사이버문학회 회원
- Tel : 010-7105-6096 / E-mail : buryun@hanmail.net

비원(秘苑)

나는
내 영혼의 뜨락에
당신을 심지 않았습니다.

거름기도 없는 척박한 텃밭에
씨앗처럼 날아와
질긴 뿌리를 내렸습니다.

처음엔 잡초인줄 알고
뽑고 뽑고 또 뽑았지만
지금은 어느 화초보다도
귀한 꽃으로 피었습니다.
이제 그 자리는 텃밭이 아니라
Secret Garden이 되었습니다.

피안을 바라보며

부처님은 해탈하여 강 건너 가신 분
부러워 경배할지언정
소원을 빌며 절하지 마라
차안에서 바라본 피안도
강 건너 불이여
피안에서 바라본 차안도
강 건너 불이거늘.

하설동천(夏雪冬泉)

나는 32가지 물의 종류 중에서도
태양이 미치지 못한 깊은 바닷물인
해양 심층수도 아니고
수만 년 전 형성된 빙하를 녹인
빙하수도 아니고
물과 이산화탄소가 결합된
탄산수도 아닙니다.
단지 눈, 비, 우박 등이 땅 속에서 녹아
스스로 정화된 지하수일 뿐입니다.

헤일 수 없는 나날을
땅 속에 숨어 흐르고 흐르다가
매포읍 고양리 마을 어귀 한 모서리에
V자 지붕이 볼상스럽지만
시멘트 바닥이 매끈하여 얼굴을 내미니
삼삼오오 동네 아낙 빨래터였습니다.
여름이면 눈처럼 차고
겨울엔 온천처럼 따뜻하니
이젠, 그 이름
하로동선(夏爐冬扇)이 아니라
하설동천(夏雪冬泉)이라 부릅시다.
우리 마을의 화룡점정(畵龍點睛)이로소이다.

시
이동숙

유리 성을 나오면서

바람 속에서 서성이던 해가 바다로 숨어들었다
기다렸다는 듯이 잠들어 있던 유리성이 깨어나고
백조가 제일 먼저 빛을 발하고 공중으로 날아올랐다
푸른빛을 내는 천국의 계단 앞에서 천사가 잠시 벗어 둔 날개옷을 몰래 입어본다
첫 계단으로 발걸음 옮기려다 출입금지란 팻말을 발견하고 멈칫거리며 뒤를 돌아보았다
성이 깨어나며 성안 잠겼던 문이 열리고 미끄러지듯이 방안으로 들어선다
신데렐라가 신었던 유리구두가 전시되어 있었고 그 옆으로 해골이 푸른빛을 발했다
구두 앞에서 한참을 망설이다 성문을 나온다
어두워진 바닷가 바람이 차다

- 1960년 경남 거창 출생
- 2013년 제5회 수용문학 수필상
- 2014년 제53회 인터넷문학상
- 시집 2013년 「말이 고픈 날」
- 한국방송대학 국어국문학과 수용미학연구회 졸업
- 대한사이버문학회 회원, 문학사랑 회원
- E-mail : dongsook1118@hanmail.

다름으로 인하여

서로 다르기 때문에
그로 인하여 우리는 하나가 될 수 있었다
그 다름이 얼마나 새롭고 떨림이었던지
내게 없는 것을 가진 그로 인하여
그가 없는 것을 가진 나
모든 것이 경이로웠다

어떤 흐린 날
그 다름이
서로에게서 등을 돌리게 했다
그에게 없는 것을 가진 나
내게 없는 것을 가진 그
다름과 없음은 서로에게 생채기를 내고
흉터로 자리 매김을 했다

한번
등 돌려
옮긴 걸음은 더 멀어지고 멀어져 가
다시는 조율하지 못했다

사진

시간을 가두는 방법으로
기억을 저장하고 사라져 가는 시간을 담는다
기억이 멈춘 저장된 시간
기억 저 너머로
어떤 의미를 부여하지 않아도
이름을 불러 명명하지 않아도 괜찮다
그냥
시간에 대항하여
그저 저항할 뿐이다
죽어가고 잊히는 것을 향해 집중한다
그 사라짐의 폭력 앞에서 순간을 영원으로 기록한다
앞뒤가 없어도 괜찮다
친절할 필요도 없다
그냥 죽어가는 것들을 정지시켜
저장할 뿐이다
어디를 어떻게 담아도 좋을 것이다
시간을 가두어 찰나를 영원으로 재생한다
그 순간 속에서 흐릿한 하나가 동그라미가 웃고 있었다

천국 언저리 산책 중

열일곱 달 된 손녀가
아침을 먹다가 고사리 손을 벌려서 불렀다
같이 밥 먹자고
하마 맘마

밥도
반찬도
식탁 차림도
다 내가 했는데
하마 맘마 하고 불러 주는 손녀의 목소리에
가슴이 짜르르해 왔다
밥 잘 먹고
잠 잘 자고
출근한 엄마 찾지 않고
할미 품에서 꼼지락 꼼지락 놀아주는 꼬맹이 손녀가 있어
오늘 나는 천국의 언저리를 산책 중이다

첫 날이라 명한 공간에서

나는
가슴에 담은 상처 조각들
독이 되어 아파하면서도 기억으로 저장하기만 하고 버릴 줄을 모른다
절대자가 시작과 끝을 나누고 하루 한 달 한 해라 이름을 붙여 주었다
기억 하지 못하는 저장 공간속의 시간이
예고 없이 불쑥 튀어나와 모든 일상들을 뒤집어 버리고
다시 생채기를 내어 시간을 그림자 드리우게 할 때
절대자라 명한 이가
또 다른 처음을 명하고 또 다른 마지막을 명하여
저장된 기억 속에서 허우적이는 나를
오늘 다시 첫 날이라 명한 시간으로 또 다른 시작의 발걸음을 내딛게 했다
내 의지로는 불가능한 것을
첫 날이라 이름 지어준 공간속에서

시조
이상야

민들레의 친구

햇빛도 들지 않는 막다른 골목어귀
담장 아래 한 구석 수줍게 꽃 피었다.
앞치마 살짝 펼치고 나를 보고 눈 돌렸다.

낙엽친구 보호 속에 노란 얼굴 곧추들고
너 보다 내가 행복해 활짝 피는 환한 눈빛
또르르 반짝이는 이유 넌 알지 못하는지

- 1956년 경기 용인 출생
- 2004년 《문학사랑》 등단.
- 대한사이버문학회 회원
- 문학사랑 회원
- 시집 『풍경소리』
- E-mail : l5725@hanmail.net

갈색 예찬

황톳물에 떨어지는 우윳빛 저 향기로움
하트를 그려 놓고 긴 화살이 지나간다.
다잡은 손잡이 안에 가을 낙엽 날리던 날.

하얀 도자 그 안에서 짙은 내음 솔솔 풀고
소용돌이 맴돌다가 지긋이 내려앉아
잘록한 목을 넘어서 아리랑 골짝 넘나든다.

따스하고 부드럽게 흘러내린 저 용암의
길고도 긴 여운처럼 가슴한 쪽 데워놓고
사르르 눈 감게 하는 감미로운 입맛, 너!

폐교, 깃발

입 부르튼 깃발들이
실밥 터진 자루처럼

폐교가 된 구령대 옆
게양대에 휘날린다.

그 풍경
찢어진 셔츠
내 달리던 운동장

목젖 뒤로 저치고
쳐다 본 질린 하늘

죽어라 내달려도
허공만 휘젓는 발

깃대를
벗어나지 못하고
울부짖는 저 함성

낡은 집

고향냄새 찾아서 간
그립고 외로운 날

허름한 벽 사이사이
버티고 선 기둥에

못 하나
허리 구부려
밀짚모자 걸고 있다.

콧등을 스쳐가는
쿰쿰한 예전 냄새

서늘한 등 뒤에
누군가 서 계시다

아롱져
눈가를 적시는
와락! 아! 이 짠 눈물

봄을 알리는

가마 타고 오시는지
말을 타고 오는 건지

깔딱깔딱 고개 넘어
마차 타고 오는 건지

울타리
바람결 따라
옹알대며 핀 개나리

겨우내 껴입었던
가죽 옷 틈새 뚫고

이산 저산 불 지르며
뛰어 노는 개구쟁이

헤진 옷
나풀거리며
춤을 추는 진달래

저녁노을

독 오른
까치독사
가는 혀
날름거리며

무간나락 추락한다.
눈빛 또한 섬뜩하다.

까무룩
숨을 거두는
붉은 망토 파르티잔

기지개 켜는 봄

시린 물결 채질하며
일렁이는 냇가 어귀

수지침 무더기로
쏟아내는 봄빛 햇살

빼어난
자태 흔들며
모여 드는 봄의 전령.

몸 다 풀고 머리 헤친
버들가지 파란 눈 속

프리즘 물방울이
잠방잠방 뛰어든다.

쥘부채
접다 펼치는
물의 파장 파노라마.

진주조개

파도 소리 문신을 한
조개가 입을 열면

모성애 손끝으로
다독이는 파란수초

몇 생을
살 깎는 시련
햇살 한 알 슬어낸다.

자목련 아리아

언덕 너머 산속 마을
검붉게 핀 자목련

그 아래 자지러지듯
찢어진 자주치마

울다가
목 터지게 울다
날아가는 두견이

모낸 논

뒷짐 쥔 왜가리들이
성큼성큼 걷고 있는

모를 낸 논 언저리는
왁자지껄 장날이다.

올챙이
젖줄을 찾아
올망졸망 꼬리를 친다.

파란 비단 깔아 놓은
찰랑이는 못자리에

물방개 소금쟁이
장난질 한창이다.

물방개
자맥질하고
소금쟁이 뛺틀 넘고

시
황의진

기억

화장실에
오랫동안 앉아서도
생각나지 않는 사람

아주 멀리
하늘 끝을
지나쳐버린 사람

그저
머릿속에 머물다.
지워져 버린 사람

• 1944년 7월 4일 출생
• 직업 황포농산 경영
• 2014년 《문학사랑》 52회 인터넷문학상 수상
• 문학사랑 회원
• 대한사이버문학회 회원
• 시집 2013년 『임진강』 출간
• Tel : 010-2624-2549 / E-mail : hej4@hanmail.net

마지막 행인

가시덤불 속에
앙상하게 웅크리고 죽은 늙은 개
초라한 죽음 위에
달빛만 흐리구나

너무 늙어서
너무 말라서 이 세상에서
흔한 된장국에
뼈도 못 씻어보고

거지꼴로
저승 떠나는
마지막 행인처럼
늙은 개를 위해서 기러기는

들릴 듯 말 듯
울고 가다 그도 힘겨워
쉰 목을 길게 빼고
꺼억 꺼억
밭은기침만 해댄다

비

텅 빈 가슴에
어제부터 비가 내리더니
오늘 오후까지도 내리고 있다
오랜만에 친구가 속삭이듯 빗소리가 들린다
그리웠던 사람의 노래처럼 들린다
정든 임의 은근한 잔소리처럼 온종일 종알거린다
오늘처럼 빗소리가 반갑게 들려보기는 처음이다
이제 끝일 때도 되었건만
철없는 아이 보채듯 칭얼댄다
그래도 싫지는 않았다
이 밤이 가기 전에 빗소리 모아서
차곡차곡 쌓아두자
이제는 싸울 곳이 없어도
발끝에라도 쌓아놓자
끝이지 않는 빗소리를

설

달력에 빨간 숫자
앞에 섰다
온 가족 친척들
장사진을 쳤다

정신없이
빨간 숫자 4칸
숨 가쁘게 지나 되돌아보니
긴 터널이었다

좋은 일도
궂은 일도
길면 지루한 것
겨우 면했다.

짜증나는 날

뒷자리에
목소리 큰 여자가
왕짜증 나게 전화한다
돼지 멱 따는 소리로
아주 오래도록 천박하게

머릿속이
짜증으로 가득하다.
옆자리엔
무섭게 생긴
아주 무섭게 생긴 여자가
얼이 빠진 남편을
멱을 틀어쥐고 앉아있다

남편은
헐렁한 바지에
다 해진 운동화를 신고
저승사자 따라온 병든 영혼처럼
지옥 문턱에 앉아서
창밖을
유언처럼 내다보고 있다.

대답한 죄로
심부름 가는 날
겪어야 하는
또 하나의 죄

어쩌면 좋죠

이렇게 별이 많은 건
처음 보는데
내일부터는 하나둘
사라져 갈 텐데
어쩌면 좋죠
어쩌면 좋죠

갈 곳이 없어도
꼭 가야 하는데
별들이 모두 다 사라져 갈 때까지는
가야 하는데
어쩌면 좋죠
어쩌면 좋죠

준비가 안 되어있어도
가야만 하는데
단 한 번 만난 첫사랑도
오늘 밤 영원히 떠나는데
어쩌면 좋죠
어쩌면 좋죠

장난

어릴 때
꾸지람을 들어도
미쳐서 끝이 없던 장난
그리움으로 환상으로
남았을 뿐

지금은
등을 떠밀어도 갈 곳도 없고
나무 밑에 앉아있어도
온몸이 나른할 뿐

찾아오는 친구도 없이
귀찮기만 하고
그리곤
할 일도 없다

촛불 집회

똥 묻은 개가 나가신다
겨 묻은 개가 나가신다
흙 묻은 개가 나가신다
개들이 막 나가신다

남의 몸에 묻은 것만 보이고
내 몸에 묻은 것은 안 보인다
잘났다고 싸움질이다

촛불이 밝았다
촛불이 모였다
세상을 밝힌다

개 쌈하라고 촛불이 모인 줄 안다
촛불 만난 개 세상이구나
조심해라
촛불에 개 꼬리 몽땅 타버릴라

하루

티끌 하나 묻지 않은
깨끗한 하루가
나에게 주어진다면

아름다운 꽃과
펄럭이는 나비와
귓가를 간질이는 솔바람을 그릴 거예요

다음날은 나무와
지저귀는 종달새
푸른 하늘에 구름을 그릴 거예요

또 하루가 주어진다면
귀엽게 뛰노는
아이들의 모습을 그릴 거예요

이어지는 날들을
그녀의 손을 잡고
아름다운 기억들로 꼭꼭 채울 거예요

추석

백화 한 잔
제상 위에 송편
향을 피우며 빌어도
그 사람 오지 않는데
바람은 불어와
연기만 흩날린다

갈 곳도 없어
어지러운 내 마음
소쩍새 우는 산골
황량하게 거니는데
북에 두고 온 내 고향
손짓해 부른다

가고 싶어도 갈 수 없고
오고 싶어도 올 수 없는
9척 장벽이 가로 질렀는데
철새만 높이 떠
소리 내어 울며 넘나드니
그 옛날
추억만 오가는구나

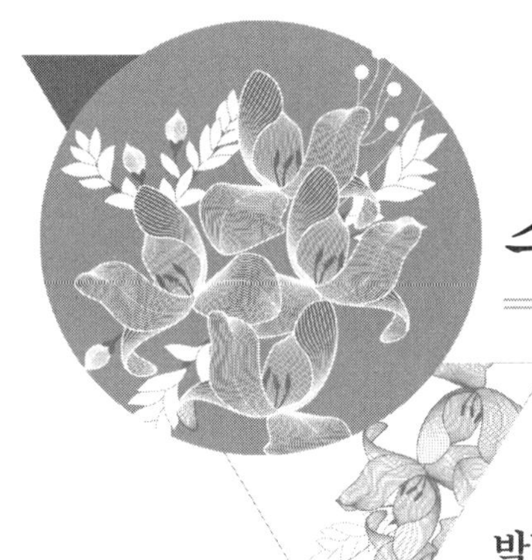

수필

수필
박덕균

꿈을 심는 재활용 선별장

재활용 선별장은 꿈을 꾸는 곳이다. 재활용 선별장은 날마다 꿈이 숨 쉬는 곳이다. 아침부터 저녁까지 산더미 같은 쓰레기들이 모여 제 살 길을 열어 달라고 악다구니를 쓰며 몸부림치는 곳이다. 사람들의 삶이 윤택해지면서 갈수록 쓰레기들이 넘쳐나고 있다. 산다는 것 자체가 쓰레기를 생산하는 일이기에 지구가 멸망하지 않는 한 쓰레기는 없어지지 않을 것이며 생활이 편리해질수록 쓰레기의 양은 줄어들지 않을 것이다. 간혹 재활용 선별장으로 반입되는 쓰레기의 양이 줄어들면 경기가 많이 안 좋은가보다고 가늠해 보기도 하지만 그래도 쓰레기는 여전하다.

쓰레기도 태어나면서부터 쓰레기가 아니었듯 그들이 처음부터 재활의 꿈을 간직하고 태어난 것은 아니다. 사람들의 눈길을 끌어 구매의욕을 충동질하며 예쁜 모습을 맘껏 뽐내는 제품들도 있었을 것이며, 생활의 공간에서 사람들에게 편리함을 제공하는 제품들도 있었을 것이고 또한 사람들의 입맛을 자극하며 군침이 돌게 하는 맛깔스러운 모습의 제품들도 있었을 것이다. 그러나 생의 수레바퀴가 그러하듯 그렇게 갖은 정성과 땀으로 빚어진 제품들이 각기 제 할 일을 마치고 생을 마감하면 쓰레기가 되는 것이다.

• 1963년 11월 14일(음) 경기도 여주 출생
• 여주고 졸업
• 현 여주시청 재직
• 2012년 9월 〈〈문학사랑〉〉 시 부문 신인상 당선
• 2015년 9월 시집 『송전탑은 거기에 있었다』 출간
• 문학사랑 회원, 대한사이버문학회 회원
• E-mail : pdkun@daum.net

쓰레기는 처리하는 방법이 네 가지가 있다. 먼저 재활용이 가능한 쓰레기들은 재활용 선별장으로 반입되어 재질에 따라 분류하여 매각처리하고 음식물 쓰레기는 음식물처리장으로 반입되어 발효과정을 거쳐 퇴비를 만든다. 나머지 쓰레기 중에서 소각 가능한 쓰레기들은 소각장으로 보내 소각 처리하고 이도 저도 아닌 쓰레기들은 매립장으로 보내 매립을 한다. 이렇게 쓰레기들은 매장(埋葬)하거나 화장(火葬)을 해 명복을 빌어주기도 하고 재활의 길을 열어주어 다시 한 번 멋진 생을 꿈꾸게 하기도 하는 것이다.

어떤 쓰레기를 어떻게 처리하느냐가 모두 중요하겠지만 나는 그 중 재활용쓰레기의 처리가 가장 중요하다고 생각한다. 만약 재활용쓰레기들을 그냥 매립하거나 소각해 버린다면 자원의 낭비도 낭비지만 환경오염 문제가 심각해질 것이며 매립장의 사용 연한도 단축될 것이다.

재활용쓰레기는 재질에 따라 분류하는데 그 종류가 매우 다양하다. 이곳 여주시 자원재활용 선별장에서 선별하는 재활용쓰레기들을 분류하자면 비닐, 폐지, 캔, 페트병, 유리병, 혼합플라스틱, 스티로폼 등이 있다. 비닐류는 이곳에서 EPR 이라고 부르는데 필름이 섞인 비닐을 따로 구분하지 않고 일반비닐과 같이 선별하는데 압축시설이 없어 부피 때문에 압롤박스에 실어 수시로 처리업체로 배출하고 있다.

폐지는 전에 값이 좋을 때는 시내에서 종이상자 수거하는 사람들이 많아 반입량이 적었지만, 지금은 폐지 값이 많이 내려 반입량이 엄청나다. 하지만 이것도 압축기가 없어 야적장의 많은 공간을 차지하고 있는데 비 가림 시설이 없어 업체에서 조금만 늦게 수거하러 오면 금방 썩어 애를 먹이곤 한다.

캔은 흔히 철 캔과 알루미늄 캔으로 나누는데 선별장에 설치된 자력 선별기의 자력에 붙으면 철 캔이고 붙지 않으면 알루미늄 캔으로 구분하면 된다. 캔은 압축기가 있어서 압축을 시켜 배출하는데 요즘은 철 캔보다 알루미늄 캔이 훨씬 많은 편이다. 음료수의 종류도 다양해졌지만 아마도 사람들이 그만큼 간단하게 즐길 수 있는 음료수의 판매가 급증하고 있기 때문일 것이다.

재활용 선별장에서 가장 많이 배출되는 것은 페트병과 혼합플라스틱이다. 알루미늄 캔을 사용하는 음료수가 아무리 많아졌다고 해도 페트병에 비하면 조족지혈이다. 페트병은 플라스틱병이다. 아마 페트병만큼 우리 생활에서 간편하게 흔히 쓰이는 용기도 드물 것이다. 페트병은 압축기가 있는데도 불구하고 야적장의 많은 공간을 차지한다. 가끔 페트병이 없었다면 우리의 생활이 어떻게 변했을까 하는 생각도 해본다.

야적장의 가장 많은 공간을 차지하며 작은 동산을 이루고 있는 것은 혼합플라스틱이다. 이것은 세 가지로 분류할 수 있는데 다른 지자체의 재활용 선별장은 이것도 따로따로 선별하는 곳이 있다고 한다. 혼합플라스틱의 종류는 PE, PP, PS로 분류할 수 있다. PE는 폴리에틸렌으로 연질인 저밀도 폴리에틸렌과 경질인 고밀도 폴리에틸렌으로 구분한다. 저밀도 폴리에틸렌은 각종 병과 냉장고 제빙용 상자와 같은 제품을 만들고 고밀도 폴리에틸렌은 공업 약품용 용기나 액체 세제 용기 등과 같은 제품을 만든다고 한다. PP는 폴리프로필렌으로 가장 가벼운 플라스틱에 속하며 포장용 필름이나 카펫, 잡화에도 사용되고 중공성형품은 뜨거운 물에 잘 견디므로 폴리에틸렌과 달리 보온병이나 열소독 하는 의료기구, 약품 용기 등에 사용되는 것이라고 한다. 또한, PS는 폴리스티렌이라고 하는데 투명한 플라스틱 용기를 만드는 곳에 쓰이는 것이라고 알아두면 된다. 이렇게 세 종류의 플라스틱이 있지만, 이곳은 아직 그렇게 세세하게 선별하지는 않고 있으며 거기다 압축기도 없으니 당연히 혼합플라스틱이 제일 많은 공간을 차지할 수밖에 없다. 또 하나 엄청난 부피를 자랑하는 것이 스티로폼이다. 하지만 스티로폼은 처음에만 부피가 어마어마하지 감용기를 이용해 스티로폼을 녹여서 잉코트라는 재활용품을 만들고 나면 게임 끝이다. 잉코트는 방앗간에서 절편을 만드는 것을 상상하면 되는데 단, 절편보다는 더 넓고 두껍다. 이것을 팔레트에 차곡차곡 쌓아 놓으면 그렇게 많은 공간이 필요치 않다.

철 종류도 참 종류가 다양하다. 냄비에 프라이팬, 우산과 옷걸이, 수도꼭지에 깡통 등 이루 헤아릴 수 없이 많다. 이것들은 어쩔 수 없이 잡철로 분류해 함께 모아서 야적한다. 그리고 또 하나 분류할 것이 있는데 가전제품이다. 가전제품은 부피도 부피지만 중량이 많이 나가서 정리하는데 애로사항이 많다. 다행히 요즘엔 가전제품을 가정으로 직접 방문하여 수거해 주는 제도가 생겨 거의 반입되지 않고 있어 큰 일거리가 줄어든 셈이다.

마지막으로 재활용 선별작업을 하는 것이 형광등이다. 형광등은 무상처리는 되지만 경기도 화성에 있는 한국조명재활용공사까지 운송을 해 줘야 한다. 형광등을 크기와 종류에 따라 따로 정리하고 한 팔레트에 한 종류만 정리해야 하므로 이것도 결코 쉬운 일이 아니다.

참, 한 가지 깜박한 것이 있는데 유리병이다. 유리병도 세 가지로 구분하여 선별한다. 청색병과 갈색병, 그리고 흰색병이다. 여기서 중요한 것이 있는데 부득이한 경우 청색병과 갈색병은 섞여도 상관이 없지만 색깔이 있는 병이 흰색병과 섞이면 절대 안 된다고 한다.

이제까지 장황한 설명을 하였지만, 재활용 선별장에서 하는 일은 이것이 다가 아니다. 모든 선별작업이 끝나면 잔재물도 생기고 대형폐기물도 생긴다. 잔재물에는 음식물 쓰레기도 많이 포함되어 있어 여름이면 악취가 심하다.

재활용에 대한 인식이 많이 바뀌었는데도 아직 재활용되지 않는 쓰레기가 많이 반입되고 있다. 이렇게 재활용 선별작업이 끝난 잔재물은 매립장으로 옮겨 매립하고 재활용이 되지 않는 대형폐기물은 한 곳에 야적해 놨다가 유상처리를 한다. 폐기물은 그 양도 많거니와 종류도 다양해 늘 골칫거리다. 차후라도 재활용기술이 좀 더 업그레이드된다면 대형폐기물들도 재활용되면 좋겠다는 생각을 해 본다.

잘났든 못났든 꿈을 꿀 수 있다는 건 참으로 경이로운 일이다. 쓰레기들이 어떤 삶을 살다가 왔든 어떻게 생을 마감했든 그건 중요한 일이 아니다. 그들도 저마다 꿈을 간직하고 있을 것이다. 따라서 그들이 새로운 생에 대한 꿈을 꿀 수 있도록 인도하는 것이 최선이라 생각한다. 그래서 재활용 선별장은 지금도 꿈을 심고 있다. 재활의 길을 열어 달라고 아우성치는 그들에게 꿈을 심어주는 것이다. 그리하여 그들이 세상을 향해 다시 한 번 비상할 수 있도록 재활의 길을 활짝 열어 주는 것이다. 부디 그들이 간직하고 있는 소중한 꿈이 꼭 이루어지길 염원해 본다.

안경의 우여곡절

몇 년 전부터 신문의 작은 글씨가 가물거렸다. 도서관에 가서 아무리 보고 싶은 책이라도 글씨가 작으면 빌려오질 않았다. 버티다 못해 친구가 운영하는 안경점에 가서 사정이야기를 했더니 가장 기본적인 도수가 있는 돋보기라며 우선은 이것을 써보라고 했다. 작은 글씨가 어찌 그리 잘 보이는지 그리 좋을 수가 없었다. 가지고 다니며 가끔 쓰고 있었는데 아내도 어느 날부턴가 내 돋보기를 쓰기 시작하는 것이었다. 그래서 안경을 집에 두고 다녔다.

불편을 감수하면서도 몇 달을 버티다가 안경점을 다시 찾았다. 친구가 운영하던 안경점은 사정이 있어서 폐업을 하였기에 아들 안경을 맞췄던 안경점을 찾아 돋보기를 사고 싶다고 하니 두 가지를 보여 준다. A4지에 자잘한 글씨가 듬성듬성 넣어 코팅한 종이를 보여주면서 잘 보이는 것으로 하라기에 그중 잘 보이는 듯한 것으로 골라왔다.

며칠 뒤 집에서 한가한 시간을 보내다가 문득 생각이 나길래 먼저 사 온 안경과 나중에 사 온 안경을 비교해 보았다. 두 개를 번갈아 써보며 문득 안경집을 보니 숫자가 보였다. 먼저 사 온 안경은 +100, 나중에 사 온 안경은 +180 이라 쓰여 있었다. 잘못 사왔구나 하는 생각이 들었지만 벌써 꽤 오랜 날짜가 지났기에 그냥 쓰기로 하고 +100은 집에서 +180은 사무실에서 사용을 했다.

그리고 두어 해 지난 요즘, 핸드폰을 잠시만 들여다보면 눈이 아프고 사물이 잘 보이질 않는다. 핸드폰에서 문자를 잠시만 주고받아도 글씨를 읽지 못하고 컴퓨터의 글씨가 안보여 일을 하려면 한동안 먼 산을 바라보듯 다른 것에 멍을 때려야 했다. 참다못해 안과를 찾았다. 검사를 마치고 안약과 명함만한 검사카드를 주면서 안경을 쓰시되 20~30분 이상 쓰시면 안 된다고 하는 것이다. 안경을 오래 쓰면 오히려 눈이 더 나빠질 수 있으니 잠깐씩만 쓰라는 거였다. 더구나 한쪽 눈만 사용하고 있으니 더 조심해야 한다면서.

"젠장, 다른 사람은 안경만 잘 쓰고 다니는데 나는 왜 그러는 거야?"

속으론 불만투성이지만 겉으론 내색을 하지 않고 병원을 나와 안경을 맞추어 돌아왔다. 그래도 병원에서 처방해 준 안경이니 훨씬 낫겠지 하는 생각이 앞서니 조금 위안이 되었다.

그럭저럭 몇 달이 지나도록 안경을 가끔씩 사용하면서 무리 없이 지냈는데, 며칠 전 직장에서 지나가는 스키로다 바퀴에 플라스틱 구슬 같은 것이 튀기면서 날아와 눈을 때리는 사건이 있었다. 괜찮겠지 하면서 하루를 버티다가 눈이 점점 아파와 안과를 다시 찾게 되었는데 직장 동료들이 지금까지 내가 다니던 안과보다 더 잘 보는 안과가 있다고 추천을 하여 그곳으로 가게 되었다. 처음 진료를 보게 된 안과이기에 내 예상대로 각종 검사에 시달려야 했다. 그 곳에서도 나의 보이지 않는 한쪽 눈에 대해 관심을 갖게 된 것이 틀림없었다. 제가 안 보이는 눈에 대해 검사를 몇 가지 해봐도 괜찮겠냐는 의사의 타진이 없었더라도 몇 십 년 전보다 의술이 발전 했을 거라는 생각은 어렴풋이 하고 있었던 터라 답답한 마음을 꾹 눌러 참으며 모든 검사를 마쳤다. 눈에 대한 일말의 다른 기대는 하지 않았지만 태어날 때부터 황반이 생기지 않은 것 같다는 의사의 소견을 들으면서 조금 서운한 마음이 일었지만 한편으론 왜 안 보이는지 이유를 모르겠다던 예전의 소견이 더 위안이 되었던 것 같은 생각도 들었다.

어쨌든 검사가 끝나고 또 안약과 검사카드를 받아들고 안경점을 찾았다. 이번엔 먼저 번에 안경을 맞춘 안경점으로 가서 먼저 번에 맞춘 안경과 지금 새로 맞추려는 안경의 차이점을 물으니 먼저보다 도수가 한 단계 높아졌다고 하면서 눈이 갑자기 더 나빠지신 것 같다고 의구심을 제기했지만 나도 아는 것이 없었기에 "그러게요." 하며 말을 아꼈다. 느낌이 이상해서 한참을 고민하다 그냥 안경을 맞추어 가지고 돌아왔다.

안경에 대해 의구심을 품은 지 며칠이 지난 휴일, 그동안 산 안경을 모두 모아놓고 실험을 했다. 안경은 전에 산 안경이 +100과 +180, 안과에서 처방해준 안경이 +250과 +300 이렇게 4개가 되었다. 이 안경들을 하나씩 쓰고 30분씩 독서를 해 보았다. +100은 글씨가 조금 작게 보이는 듯 했지만 눈의 피로도가 가장 적었고 그다음은 순서별로 글씨가 점점 크게는 보이지만 피로도가 높았다. 심지어 +300은 책을 보다보면 나도 모르게 눈물이 주르르 흐르는 현상이 나타나기도 했다. 그래서 결론을 내렸다. +100은 집에서 아내와 내가 번갈아 사용하기로 하고 +300은 비상용으로 서랍에 보관하기로 했다. +180은 고민 끝에 직장에서 자주 손 돋보기를 사용하는 친구에게 주기로 하고 +250은 사무실에서 내가 사용하기로 가닥을 잡았다. 물론 +180을 사무실에서 내가 사용하고 +250을 친구를 줘도 되지만 친구의 눈 상태를 모르기에 무난한 것을 주기로 했다. 사무실에서는 글 쓸 때 외에는 안경을 잘 사용하지 않기에 별 무리가 없을 것이라 생각이 들었던 것이다.

하지만 얼마 지나지 않아 +180도 다시 내게로 돌아왔다. 친구도 안과에서 처방받은 안경을 가져왔기 때문이다. 하여 +180은 휴대용으로 사용하기로 마음을 먹고 가지고는 다니지만 자주 잊어버리고 잘 사용하지 않고 있다. 이렇게 우여곡절은 지나가고 결국 안경은 그때그때 시기에 맞춰 다 사용하고 있다. 그렇지만 글씨도 잘 보이고 눈이 제일 피로하지 않은 안경은 +100 이기에 이 안경을 제일 많이 사용하는 편이다. 나중에 눈이 더 나빠지면 다른 안경도 유용하게 사용될 수 있겠지만 그래도 지금은 +100이 제일 좋고 정감이 간다.

수필
백규현

고근산행

제주도로 내려 온 후 일과는 하루를 어떻게 보내야 하는지에 초점을 맞추고 산다. 그도 그럴 것이 화구를 하나도 챙겨오지 않았으니 말이다. 고근산에 오를 것을 마음속으로 예약을 했었지만 제주도의 특성상 알 수 없는 기후 때문에 산에 오르는 일이 방어벽처럼 막혀있다. 일전 고근산에 오를 때에는 어지럼증으로 고생을 한 기억이 있어 오늘은 단단히 건강을 추스르고 오르기로 했다. 다행히 날씨와 기온이 좋아 산에 오르기에는 적격이다. 서서히 낙타 걸음으로 시작된 산 오름은 중앙부터는 황산의 돌계단을 연상시키는 나무계단으로 이어져 있다. 오르는 길섶으로는 감귤 밭에는 주황색 광채를 내는 귤이 빼곡하다. 가끔씩 하산을 하는 등산객을 보면 나는 언제나 하산을 하나 하는 생각이 마음을 무겁게 한다. 따져보면 인생도 마찬가지이다. 성공한 사람을 보면 그들의 노고는 보지 않고 부러워하기 일색이다. 구름에 가려진 달은 생각하지 않고 밝은 달만 기뻐하는 생각과 무엇이 다르랴. 깔아놓은 계단이 꽤나 많다는 것을 알겠기에 앞을 보지 않고 아래보이는 계단의 숫자를 세어 오르니 정확히 908계단이다. 정상에 오르면 오르던 때의 힘든 생각은 순간적으로 잃어버리고 멀리 보이는 경치 보는 재미에 빠져든

- 1947년 출생
- 대한민국미술대전 4회 입상
- 구상전 장려상, 기타 공모전 다수 수상
- 단원미술대전, 경인미술대전, 전통미술대전 초대작가
- 현 부천미협한국화 분과장 부천한국화협회장
- 대한사이버문학 6-27호까지 표지 화백

다. 바닷가 근처에 자리한 범섬, 문섬, 섶섬과 뒤로 하면은 눈앞에 닿을 듯 한라산이 맑은 공기 때문에 눈앞에 와 닿는다.

지나온 삶은 어떠한 가, 정신없이 땀 흘려 온 지금은 옛 보다 못한 허망함이 앞에 가로 놓여있다. 산은 누가 얘기 했던가, 산은 오를 때보다 내려올 때가 힘들다고…. 산행을 즐겨하는 옆 지우(知友)가 산은 내려올 때보다 오를 때가 힘들다고 한다. 빈 짐으로 산을 오름은 확실히 힘이 든 건 사실이다. 빈 지게를 지고 오를 때와 짐을 지고 내려올 때가 다르듯 잘 살다가 나락으로 떨어지는 삶은 정말 힘이 든다.

서귀포 시립도서관에서는 자주 책을 대여 받는다. 홍사중 지음(늙는다는 것 죽는다는 것)을 보면 늙는다는 것은 주검을 기다리는 시기가 아니라 제2의 인생을 살아가는 계기라고 상기시킨다. 그러나 그 길을 걷기가 힘이 들 것이라는 것을 나는 알고 있다. 새로운 봄이 되면 푸르름을 더한 새싹에서 선명한 꽃들이 피어나 듯 우리도 매일 매일 새로워져야 할 것이다. 산 아래 동리들이 모여 살듯이 삶이란 나 혼자 이루는 것이 아니다. 우리는 얼마나 아웅다웅 하며 힘들게 하루하루를 지나고 있는가. 만물에 비하면 하잘 것 없는 미물에 지나지 않는다.

쉼터에 앉아 숨고르기를 한다. 곧게 뻗어 오른 나무사이로 화산지구였듯이 분지가 보인다. 하산 길을 등산객에 물어 내리막 길을 찾으니 다시 계단이 나타난다. 동행을 하는 중년의 본토 사람을 만나 담소를 나누었다. 인생의 느낌은 다 같은가. 그도 삶의 긴 터널을 빠져나온 듯 피로함이 엿보인다. 편안하고 안일함만이 인생이 아니다. 고심의 고리를 끌고 다니는 것이 우리의 몫이려니…

느린 걸음으로 약 3시간의 산행을 하니 성취감이 생긴다. 산악인에게는 비웃음 거리이겠지만 숙소에서 올려다 본 제주도의 특성상 단풍이 없는 푸른 산 고근산이 자리하고 있다.

맛과 멋

구순을 훨씬 넘은 어머니는 지금도 조카가 올 즈음이면 좋아한다는 만두를 빚어 놓으시곤 하는데, 오랫동안 건강하게 지내시는 것은 아마도 끝없이 활동하시는데 기인한 것이 아닌가 싶다. 일전(日前) 문구점을 운영 할 때는 손님들이 구수한 된장찌개의 냄새를 맡고 칭찬을 아끼지 않았던 기억이 난다. 지금은 옛 같은 맛을 어머니는 못 내시는 아쉬움이 있지만 옛날이야 지금처럼 음식재료가 풍부하지 못했던 시절 몇 가지 재료에 간(盂)만 맞으면 천하 일미였다. 시장이 반찬이었을까? 그러나 요즈음 들어서는 육류들에 맞추다보니 나도 얼마간 육류를 입에 대지 않으면 생각이 나기도 한다. 살아있는 생물들을 생각하면 여간 죄스런 생각이 아니나 그들도 보시하는 것이려니 일축 해 버린다. 우리 집사람은 음식솜씨가 좋아 식사하기에는 불편한 점은 없으나 내 생각보다 육류를 많이 사용하는게 흠이다. 같이 외국여행을 하고 와서는 맛좋은 음식은 식재료를 구해와 맛을 내곤 하는데 새로운 맛이 난다. 우리가 보통 전라도 음식이나 경상도 음식이 맛있다고는 하지만 서울처럼 보기도 좋고 맛도 좋은 음식이 없으리라본다. 서울 경기지방에는 각 지방에서 모인 사람들로 그 지역의 맛 특징만을 모아 음식을 만들었으며, 더구나 해외문물이 유입되다보니 좋다는 음식은 모두 연구 개발하였으니 맛이 있을 수밖에…

나의 시장 음식에 대한 지론은 싸고도 맛이 있어야한다는 것이다. 어떻게 그런 집이 있느냐고? 찾으면 얼마든지 있다. 동대문 시장을 비롯하여 각종 재래시장에는 틀림없이 있다. 특히 낙성대시장 지하상가에는 내가 거의 20년 단골로 다니던 자매집이 있다. 실은 별로 표정도 없이 잘 대해주던 주인집 아주머니는 건강상 이유로

문을 닫았다. 그 집 머리고기는 일품이었는데 너무 익히지도 않고 덜 삼지도 않은 것이 식감이 좋아 잔치국수와 함께 먹는 맛이 일품이었다. 이제 또 그런 집이 없느냐하면 얼마든지 있다. 단골집이 좋은 이유는 마음 편하게 음식을 즐길 수 있으니 좋다. 언젠가 집사람은 내게 평생소원이 집사기 라고 했다. 지금도 번듯하게 꾸민 신 시장보다 깨끗하고 각진 마트보다 시끌벅적한 재래시장을 그리워하는 이 있으니 나뿐 만이 아니라 오래된 지우(知友)도 생각이 같다. 음식 또한 구수한 장국밥에 빈대떡이 그리워진다.

같은 음식이라도 화려한 음식점을 찾는 사람이 대부분이다. 일전(日前)에 양평을 지나는 길목에 유명한 집이 있다하여 들른 곳은, 전 박정희 대통령이 들렀다는 냉면 집이었는데 나는 왜 사람들이 그곳으로 그렇게 몰리는지 이유를 모를 정도로 맛이 별로였다. 단골이란 음식도 음식이지만 마음에 부담이 없기 때문이리라. 아마도 입맛이란 한창 성장 하는 나이인 10대가 좌우 하지 않나하는 생각이 든다. 평생을 어머니가 해준 밥맛을 잊지 못하기 때문이리라. 우리가 살아가는데 식도락처럼 중요한 것은 없으리라. 먹거리 가지고 수입을 올리려 장난을 치는 사람은 매우 엄한 처벌이 필요하다. 음식은 생명을 살리는 매우 중요한 요소이다. 몸에 맞는 음식이 최상의 약이니 간과해서는 안 될 일이다.

수필
서병달

노래하는 무당

무당은 전통적인 굿을 하면서 신에게 바치는 노래나 사설로 무가(巫歌)를 부른다. 과문한 탓인지는 몰라도, 점을 치면서 노래로 시작하는 경우는 없는 거로 알고 있는데 꼭 노래로 시작하는 무당이 있다.

이 분이 부르는 노래는 주로 대중가요다. 같은 노래라도 그냥 어울려서 즐기며 부를 때와 점치면서 부를 때는 성격이 달라진다. 즐기기 위해 부를 때는 내가 좋아하는 노래일 뿐이지만, 점을 치면서 부르는 노래는 점괘가 된다. 무당이 접신을 시도하는 과정에서는 휘파람을 불지만, 굿 도중에는 접신이 된 무당이 무가가 아닌 유행가를 부르는 경우가 더러 있다. 이때 부르는 노래는 영가(靈駕)가 살았을 적에 한이 맺혀 신세 타령조로, 슬퍼서, 때로는 기분이 좋을 때 잘 불렀던 노랫가락들이다. 이 분은 점객(占客)이 신당에 들어와 좌정하고 앉으면 입에서 자연스럽게 노래가 나온다. 노래를 부르고 나면 점사(占辭)를 한다. 노래 부르는 도중에도 잠깐잠깐 해설하듯이 점사를 하기도 한다. 노래는 점객마다 처한 상황과 어울리는 내용이다. 그러다보니 내심 놀라면서 점사에 신경을 곤두세운다.

이 분은 무당이 된 지도 제법 되었고 입소문이 나서 점객도 꽤 있는 편이다. 점객이 있으려면, 두말할 것도 없이 점객이 수긍할 수 있는 정도의 점괘가 술술 나와야 한다. 이 분 같은 경우는 노래하는

• 대한문학세계 시부문 신인상
• 팔도문학 · 밀양문협 회원
• 대한사이버문학회 회원
• E-mail : smupil@hanmail.net

무당으로 입소문이 나서 명성을 얻는데 한 몫 하였을 것으로 짐작된다.

셋이서 가끔 만나 한잔하는 미니 모임이 있다. 그날도 만나 한잔하던 중이었다. 멤버 중의 한 사람인 50대 초반의 아줌마에게서 들은 이야기다. 그녀는 대학 동기 7명과 친목회를 하면서 매달 만나고 있다. 몇 달 전, 친구 중의 한 명이 노래하는 무당 소문을 듣고 점을 보러 다른 친구 한 명과 갔다. 신당에 들어갈 때는 점을 보려는 사람이 아무래도 앞서 들어가게 마련이다. 신당에 들어가서 앉자 말자 이 분의 입에서 김세레나의 "새타령"이 나왔다.

"이 산으로 가면 꾀꼴꾀꼴
저 산으로 가면 꾀꾀꼴 꾀꼴
어허 어히 어허
좌우로 다녀 울음 운다"

당신은 바람기가 많아 이놈도 좋고 저놈도 좋고 그러면서 지나는데 빨리 정리하지 않으면 머잖아 이혼할 수라는 점괘가 나왔다. 점을 본 친구는 설마 하다가 달포 전에 이혼하였다고 한다. 그로부터 한 달쯤 지난 뒤, 지인이 집들이를 할 때였다. 이런저런 이야기를 하는 중에 신기(神氣)라는 말이 나오기에 미니 모임 회원한테서 들은 이 분의 이야기를 하였다. 그랬더니 지인의 연극계 후배라는 중년 부인이 재혼한 남자와의 이혼문제로 몇 년 전에 가본 적이 있다고 하여 호기심에 귀를 쫑긋 세웠다. 자기가 들은 노래는 최병걸의 '발길을 돌리려고'라는 노래였다고 한다.

"발길을 돌리려고 바람 부는 대로 걸어도
돌아서지 않는 것은 미련인가 아쉬움인가"

현재의 남편과 살면서 좋은 꼴은 못 보겠으니 이혼을 하는 게 좋을 것 같다. 그런데 이 남자와 이혼한 뒤에 새로 만나는 남자가 있는데 성격이 아주 포악하다. 그러니 잘 생각해서 처신하라고 하였다 한다. 성격 포악한 남자와 사느니 현재의 남편과 불편한 대로 사는 것이 현명하다고 생각되었다. 비록 이혼은 하지 않았으나 불편한 관계는 해소하지 않으면 증폭되기 마련이다. 6년이 지난 현재 별거 상태에 들어가 있다.

살 만큼 살았거나 나이께나 먹은 사람은 굳이 점이나 사주를 볼 필요가 없다고 한다. 백수(白壽)가 되면 산에 있으나 집에 있으나 마찬가지라는 말과 같은 맥락이라고 할 수 있을 것이다. 그 말을 백퍼센트 수긍하면서도 확인 반, 호기심 반 마음으로 이 분을 찾았다. 예순쯤 되어 보이는 작고 아담한 체구였다.

신당에 들어가서 마주 보고 앉자마자 오기택의 '고향 무정'을 부른다.

"구름도 울고 넘는 울고 넘는 저 산 아래

………………………………………………

기름진 문전옥답 잡초에 묻혀있네"

공직 계통 일을 안 하면 부동산 계통 자영업을 하거나 조용히 밭이나 일구면서 살아야 할 팔자라고 했다. 지그시 눈을 감고 '방랑 김삿갓' 노래 한 소절도 불렀다.

"죽장에 사라마다 입고 방랑 삼천리
흰 구름 뜬 고개 넘어가는 객이 누구냐"

어울려 한잔할 때 취기에 노래를 부르면서, 흥을 돋우고 분위기를 재미있게 만들려고 부분적으로 가사를 코믹하게 바꾸어 부르는 경우가 많다. 이 분은 '삿갓 쓰고'를 '사라마다 입고'라고 불렀다. 점치면서 흥과 재미를 위해 일부러 가사를 바꾸어 부르지는 않았을 것이다. 뭔가 정확하게 짚을 수는 없지만, 나이 들어가면서 남에게 보여주지 말아야 할 치부를 보여준 것 같은 느낌이 들어 굳이 점사를 물어보지 않았다.

제사 지내는 날짜와 시간에 대하여

제삿날을 두고 집안마다 의견이 분분한 것 같습니다. 대부분의 집안에서, 제사는 "돌아가시기 전 날(살아 계신 날)" 지내는 것으로 알고 헛제사를 지내는 사례가 많습니다. 조상님들과 후손들을 위해서도 제삿날의 정립은 시급합니다.

제사는 "돌아가신 날 첫 시간(子時)"에 지내는 것이 원칙인데, 옛날에는 시계가 없어, 각 2시간씩을 내포하는 "자, 축, 인, 묘,~"를 시간으로 표시했습니다.

즉, 자시는 "밤11시~새벽1시", 축시는 "새벽1시~새벽3시" 등으로 표시합니다. 제사는, 음력으로 "돌아가신 날 첫 시간 (子時)"에 지내야 하다 보니, 그 제사 준비를 돌아가신 전 날(즉, 살아 계신 날) 낮에부터 준비해서, 그날 밤11시~새벽1시(자시) 사이에 제사를 지내는 것이 원직입니다.

그러나 현생 자손들이 다음날 출근 등을 고려하여 시간을 앞 당겨 지내다보니, 마치 제사를 준비한 날 "돌아가신 전 날" 지내는 것으로 착각하게 되었습니다. 다시 한 번 말씀드리지만, 제사는 돌아가시기 전 날 지내는 것이 아니라 "돌아가신 날" 첫 시작인 자시(子時)에 지내는 것이 원칙입니다. 생활 여건상 한 밤중(子時)에 제사

- 1948년 인천 출생
- 한국문인협회 회원, 21C 한국시인회 이사
- 동인시집 『마음 열고 숲에 서리라』 『들풀 소리』 『제 몫을 다한화음』
- 고교 영어교사 역임. 특별법인 한국해운조합 봉직
- (주)HL해운 상무이사 역임. 현) 중국 (주)청도MK통상 대표이사
- 대한사이버문학회 회원
- Tel : 010-7105-6096 / E-mail : buryun@hanmail.net

를 지내기가 어려우면 "돌아가신 날" 해가 진 후 "오후7시~9시" 사이에 지내야 합니다. 이렇게 해서라도 기일을 넘겨서는 안 되기 때문입니다.

돌아가신 전날(살아 계신 날)에 지낸다는 말은 틀린 말입니다.

근거: 축문에 歲序遷易 諱日復臨(세서천역 휘일부임)

어느덧 해가 바뀌어 "돌아가신 날"이 다시 돌아와서~라는 뜻 입니다. 작고일 전날, 제사상을 받은 조상들은 후손들로부터 물 한 모금 얻어먹지 못한 불쌍한 조상들입니다. 본의 아니게, 후손들은 불효를 저질렀고요.

(참고1)

1) 건전가정의례준칙 제20조(기제사)

① 기제사의 대상은 제주부터 2대조까지로 한다.

② 기제사는 매년 "조상이 사망한 날"에 제주의 가정에서 지낸다.

2) 주자가례, 조선말기 풍습 등은 4대봉사이나 고려 말 정몽주의 제례규정(일반서민), 조선의 경국대전(일반서민), 현재의 건전가정의례준칙에는 2대봉사입니다.

(참고2)

쥐(子 : 자)- 밤11시부터 새벽 1시,(그래서 밤 12시를 자정이라고 합니다.)

소(丑 : 축) - 새벽 1시부터 3시범(寅 : 인)- 3시부터 5시

토끼(卯 : 묘) - 5시부터 7시

용(辰 : 진) - 7시부터 9시

뱀(巳 : 사) - 9시부터 11시

말(午 : 오) - 11시부터 오후 1시,(그래서 낮12시를 정오라고 합니다.)

양(未 : 미) -오후 1시부터 3시

원숭이(申 :신) - 3시부터 5시

닭(酉 : 유) - 5시부터 7시

개(戌 : 술) - 7시부터 9시

돼지(亥 : 해) -9시부터 11시

우스갯 소리로 “너 잘 만났다! 넌 오늘 제삿날이다!”하면 그 사람은 어제 죽었을까요? 오늘 죽었을까요?

수필
서혜원

치매와 소멸

잘 둔다고 둔 물건들이 숨바꼭질을 하는 일이 잦아졌다. 세상에 믿을 것은 자신밖에 없다고, 당찬 척 했었는데, 이젠 자신만만할 나이가 아닌가 보다. 물건을 옮겨놓고 고개만 돌리면 옮겨놓은 장소를 까마득하게 잊고 만다. 집안에서 잊어버린 물건들이야 집밖으로 나갈 까닭이 없으니 언제고 찾을 수 있으리라 생각하지만, 그 보다 염려가 되는 것은 은행의 자동현금 인출기 앞에 설 때나 인터넷 사이트에 들어갈 때이다. 비밀번호 입력이 성공하면 나도 모르게 안도의 숨을 내쉰다. 아직은 잊지 않았구나, 라는 것에 대한 작은 안심이다.

계절이 바뀌면 입지 않는 옷가지들을 분리해 보관하지만, 돌아온 계절에 그 중 몇 가지는 어디에 두었는지 전혀 생각이 나지 않는다. 자신의 기억만을 믿고 색인표 없이 바뀐 계절을 맞이한 나는, 그 어떤 힌트도 자신에게 줄 수 없는 깜깜나라에 서 있기 일쑤다. 그 불쾌한 기분을 위로 받고 싶어 나이 든 이웃들에게 물으니 대부분의 어르신들은 죄다 그런 상황이 현재 진행 중이라고 한다. 그러니까 한번 시작된 이후로는 점점 더 했지, 덜하지 않다는 이야기이다.

어쨌든 계절이 바뀐 후에 물건 찾기는 그렇다 치더라도 방금 놓

- 1951년 출생
- 수필문학 등단. 한국수필가협회 회원, 문학사랑 회원
- 군포문인협회, 한국문인협회, 한밭소설가협회, 한밭수필가협회 회원
- 대한사이버문학 설립자
- 〈〈문학사랑〉〉 제10회 인터넷문학상 수상.
- 소설집 『참고인』(2016. 7) 〈오늘의 문학사〉 출간.
- E-mail : cryingbird50@hanmail.net

은 물건들을 찾아 헤맬 때는 참으로 서글프지 않을 수가 없다. 찾고자 애를 쓰면 쓸수록 그것들은 더욱 꼭꼭 숨고, 나는 분노와 자괴감에 빠져 우울해지고 만다. 생각하지 못했던 곳에서 찾고 있던 물건들을 발견했을 때, 기쁨과 같이 오는 허탈감은 비참하기까지 하다. 누군가에게 조롱당한 느낌이다. 요즘 이와 같은 상황을 자주 겪다보니 스스로 질리고 지친다. 앞으로 그런 상황이면 조급하게 굴지 말고 저절로 찾아질 때까지, 생각이 날 때까지 기다려봐야 할 것 같았다. 빨리 찾겠다는 욕심으로 채근을 하다 보면 나의 뇌는 지레 지쳐 그 기능을 아예 멈춰버릴지도 모르기 때문이다.

더 나아가서 내가 이대로 이승의 끈을 놓아버린다면 정리하지 못한 채 두고 가는 것들이 무엇이 있을까 생각해 본다. 나눠 줄 재산은 없을 터이니 굳이 정리할 것까지는 없을 것 같다. 그러나 너절한 메모들만큼은 없애 주어야 할 것 같다. 인쇄 된 것들이야 어쩔 수 없겠지만 그렇지 못한 것들은 내가 정리하는 것이 옳았다. 메모지와 수첩들은 미련 갖지 말고 그 때 그때 없애면 될 것 같은데, 인터넷 사이트에 올린 글들은 언제쯤 내려야 할까? 인터넷 사이트에 올린 글들을 정리하지 못한 채 갑자기 떠난 분들을 생각하면 낭패가 아닐 수 없다. 그러나 죽음은 아무도 몰래 찾아오는 것이기에 그것들을 없애는 시점을 결정하기란 쉽지 않을 것 같다. 내게 특별한 예지력이 생기지 않는 한은 그럴 것이다. 그저 조금 이르다 싶게 결단해 두는 것이 좋을 듯하였다.

결혼한 딸이 집에 왔다가 시집갈 때 두고 간 물건들을 찾겠다고, 평소 잘 들여다보지 않는 책장 문을 열었다. 그 안에는 낡은 수첩들이 아무렇게나, 볼 상 사납게 뒤섞인 채 쌓여있었다. 딸이 돌아간 후 모두 끄집어냈다. 한번 씩 훑고 버려야지 했던 것들로, 쌓아 둔 채 까맣게 잊고 있었다. 나누고 지낼 연락처는 없을 것 같았다. 그런 거라면 벌써 옮겨 놓았을 것이었다. 그럼 왜 여태까지 버리지 못한 것일까. 세월을 지나오며 남긴 흔적에 대한 미련과 아쉬움 때문이었을까. 혹 놓친 그리움이라도 남아있을까 하는 은밀한 호기심도 발동을 했다. 크기와 두께도 각양각색인 수첩을 하나씩 들추겨 본다. 삼십여 년 전부터 기록해 놓은 수첩 여기저기에는 전 년과 같은 연락처들이 이어 기록되어 있었고, 만나는 사람들도 거의 같았다. 같은 사람들과 만나 밥을 먹고, 영화를 보고, 쇼핑을 하고, 메모라는 것도 따로 옮겨놓을 만큼 특별한 것이 없었다. 다만 잠깐의 인연으로 기록해 놓았을 법한 삐삐 번호와 집 전화번호, 집 주소, 사무실 전화번호 등이 있었다. 이따금 번호의 임자들이 떠올랐지만, 만나고 싶어도 과거 그 번호들은 존재하지 않을 것 같았다. 어딘가에서 잘 살고 있을, 스쳐지나간 나의 인연들의 무탈함과 행복을 빌어본다.

한 장씩 뜯어내고 있던 수첩의 마지막 장 사이에, 변색된 A4 용지가 접힌 채 끼어있었다. 나는 그것이 무엇인지 이내 알 수 있었다. 타다가 만 정열이 아직 남아있었던 것일까. 가슴이 잠시 뜨거워졌다. 모두 없앤 줄 알고 있었는데, 어쩌다 한 통이 남아 수첩의 갈피 속으로 끼어들어 갔는가 보다. 낡은 수첩 속 이삭줍기에서 제법 쓸 만한 알곡을 주운 듯 했다.

핸드폰이 없던 시절의 이야기이다. 사랑을 어린왕자의 장미꽃에 비유하던 그 유치(?)한 고백마저도 용서가 되던 시절이 내게도 있었던 것이다. 그리고 무엇보다도 내가 누군가의 관심을 받았던 적이 있었다는 것이 신기했다. 지금은 이렇게 덤덤하게 웃고 있지만 그 때는 만남의 설렘으로 행복했을 것이었다. 가슴 속에 묻은 그리운 사람임에는 분명한 데, 간절히 보고 싶어 하지 않는다. 머지않은 날에 망각의 강을 건너며 모두 소멸해 버릴 내 삶의 기억과 흔적들인 것이다.

이렇듯 깜박 깜박 잊어버리는 증상을 건망증이라고 우기기에는 염치가 없는 나이가 되었다. 물건을 보관한 장소를 잊고, 사람의 이름을 기억해내지 못하고, 그밖에 것들을 시시때때로 잊는 이 증상은 치매의 초기 증상은 아닐는지 모르겠다. 치매는 소멸을 예고하는 전 단계임이 분명한데, 난 아직은 괜찮을 거라 생각하며 살고 있다.

악몽을 꾸었던 대한민국

가족과의 단절, 소통의 부재 중심에 최순실이라는 비선실세가 있었다. 대통령을 믿고 사랑했던 국민들은 경악을 금치 못했다. 최순실의 국정 농단은 국정을 운영하는 대통령의 무능을 여실히 드러내 준 셈이다.

재벌의 기부로 재단 기금을 만들어 사익을 챙기려했던 최순실은, 특검 수사에서 대통령과의 관계를 숨기려 입을 굳게 다물고 있다. 대통령과 국정농단의 실세를 돕다가 법정에 서게 된 공직자들은 대통령의 비리를 감추려 거짓증언들을 무수히 쏟아내고 있다. 대통령이 대통령답지 않게 처신한 것에 국민들이 오히려 낯을 붉히고 부끄러워한다. 비선실세의 국정농단은 대통령의 품격과 대한민국의 국격을 돌이킬 수 없게 추락시켰다. 국민들 마음은 대통령의 부끄러운 사생활이 폭로되는 것을 원치 않지만 그렇다고 국정을 잘못 운영한 대통령을 용서하겠다는 것은 아니다. 전 세계의 웃음거리가 되고 있는 이 상황이 빨리 종료되고 대한민국이 안정되길 바라는 것이다. 그러나 망신살이 뻗친 이 상황이 부끄럽다고, 이대로 역사 속에 묻어버리려는 것은 절대 옳지 않다고 생각한다. 부끄럽고 민망해도 수사는 멈추지 말아야 하며, 국민들의 알 권리를 존중해 끝까지 진실을 밝혀내야 한다는 것이다. 대한민국은 지금 '대통령의 탄핵소추'라는 중병에 걸려 중환자실에 들어가 있는 것이다. 이런 일이 다시는 일어나서는 안 되었다. 가깝게 되돌아보면 의혹만 증폭시킨 채 말끔하게 털어내지 못한 사건들이 있었다. 세월호 사건의 선주 유병언 가족의 재산 환수가 들썩한 소문으로만 그쳤고, 청와대 문고리 3인방 사건은 기밀문건 유출로 몰아 선량한 경찰 한 분만 억울하게 죽게 했다. 국민들은 본질을 빗나가는 검찰의 수사에 사뭇 미심쩍었지만, 어쩔 수없이 지켜볼 수밖에 없었다. 대통령 탄핵소추를 위한 특검이나 헌법재판소는 국민들을 실망시키지 말았으면 한다. 국민들이 잘못된 정치로 광장을 메우는 일을 멈추게 해야 한다.

최순실의 국정농단을 수사하던 중 안종범 청와대 전 수석의 뇌물수수에 관한 녹취록이 공개되었다. 사업하는 사람들 중 일부는 권력에 줄을 잇거나 또는 잡은 줄을 놓지 않으려 수단과 방법을 다 동원하는데, 그 수법이 왕조시대의 탐관오리들과 별반 다를 게 없이, 여전히 고전적이라는 생각이 들었다.

공무원들에게 뇌물을 주어 이권을 챙기려는 사업가들에게 첫 번째 공략 대상은 가족이다. 타킷이 된 공직자에게 접근하기 위한 수단과 방법인 것이다. 가족과 식사 자리도 만들고, 가족이 좋아할 만한 물건들을 알아내 선물한다. 그렇게 인간관계를 형성해놓은 그들이 청탁을 해왔을 때, 이미 덫에 걸린 공직자는, 안 되는 것은 법을 바꿔서라도 가능하게 만들 수밖에 없다. 뇌물 공여자는 거절이나 일이 잘못됐을 때를 대비해 반드시 증거를 확보해 놓는다. 그래서 무리수를 두어서라도 들어주면 다시 그에 상응하는 선물을 한다. 이때부터는 관리 차원으로 넘어간다. 언제 써먹을지 모를 줄이기 때문이다. 그것을 그들의 진심으로 아는 순진한 공무원들은 어느새 뇌물공여자와 수수자의 관계로 공범이 되어 있게 마련이다.

비선 실세 농단이 밝혀지지 않았으면, 어쩌면 모두 묻혀갈 뻔했던 끔찍한 비리들이다. 수십억, 수백억의 기업 돈들이 쉽게 오고 가는 과정을 지켜보며, 그들의 중간에 서서 심부름을 하던 공무원들은, 그 역할로 인해 들어오는 뇌물이야 말로 정말 콩고물에 불과하다고 생각할 수 있었을 것이었다. 말 한마디면 들어오는 뭉칫돈과 장 차관급 인사에 오히려 겁이 났다는 비선실세의 도우미들은 그렇게 쉽게 굴러들어오는 뭉칫돈은 중간에서 가로채도 법적으로 어찌

해 볼 수 없을 거라 생각했었던 것 같았다. 고영태가 동료들과 나눈 녹취록이 바로 그것이다. 어쨌든 고영태는 내부고발자로 대한민국을 이와 같은 농단의 위기에서 건져낸 공로자인지도 모른다. 혹 그가 잘못한 죄가 있다면 그것은 다른 차원에서 조사될 문제라고 본다.

최순실이 기획하고 대통령이 협조했을 것 같은 국정농단의 비리는 대한민국을 멘붕에 빠뜨렸다. 그들은 무소불위의 권력을 이용해 대대손손 부를 누릴 수 있는 방법들을 너무나 잘 알고 있었다. 역대 대통령의 곁에는 대통령의 권력을 이용해 부를 축적하려는 무리들이 언제나 있어왔던 것 같다. 이번 특검에서 드러나는 다양한 죄목들을 보며 국민들은 이제 확실하게 알게 되었다. 그들이 저지르고 있는 부정부패의 실체와 방법의 무궁무진함을. 그리고 얼마나 쉽게 얻게 되는지를…

아무튼 대통령을 보좌하는 공직자들은 대통령의 지시에 당연히 따라야 할 사람들이다. 대통령의 지시가 옳지 못해 따르지 못하겠다는 말은 차마 못할 것이었다. 못 마땅해 사직을 하고 싶어도 권력의 맛을 본 사람들이었다. 쉽게 놓고 싶지 않았을지도 몰랐다. 그래서 사건의 모양새를 보면 공직자들은 국민을 위해 봉사하는 것이 아니었다. 대통령과 비선실세만을 위해 존재하는 사람들이었다. 어쨌든 자신이 수족처럼 부리던 공무원들이 줄줄이 구속되는 이 엄청난 상황을 책임져야 할 대통령은, 자신은 잘못이 없다고 계속 고집을 피우고 있다. 그렇다면 이 비극의 책임자는 누구인지 알다가도 모를 일이다. 탄핵을 반대하는 '박사모'에서는 촛불집회를 종북세력의 기획이라고 주장하고 있는 것 같다. 어느 집회든 집회의 성격과 다른 단체들이 집단의 이익을 위해 참여해 왔다는 것쯤은 대다수의 국민들은 알고 있다. 촛불집회에 참가한 선량한 국민들은 그런 선동 집단에 휘둘릴 만큼 나약하지 않다고 생각한다. 암튼 탄핵을 바라는 촛불집회와 탄핵 반대의 '박사모' 단체의 대립을 진정시켜 줄 정치인은 대한민국에 정녕 없는 것일까.

재벌의 돈과 국민이 낸 세금으로 사리사욕을 채우려고 했던 국정농단의 주역들은, 대한민국 정부를 부패케 한 장본인들이다. 이와 같은 부정부패에 자연스럽게 감염되었을, 공직자가 더 없다고 말할 수 있을 지 정말 우려된다. '윗물이 맑아야 아랫물도 맑다' 라는 옛 속담이 실감난다.

2017년 3월 10일 11시 21분.

이정미 헌재 소장 권한대행은 이렇게 판결문을 읽어나갔다.

"…피청구인을 파면함으로써 얻는 헌법 수호의 이익이 압도적으로 크다고 할 것이다. 재판관 전원 일치 의견으로 주문 선고 한다. 피청구인 대통령 박근혜를 파면한다."

지난 겨울부터 대한민국은 악몽 속에서 혼란스러웠었다. 헌재의 고통스런 결정이 헛되지 않게 대한민국은 변화해야할 것이다. 국민의 눈높이에 맞는 정치인의 변화도 기대해 본다.

수필
옥영수

영도 사계

프롤로그

연구원이 부산 영도로 이전한 지 만 2년이 되었다. 당초 서울 사람들은 부산으로의 이전이 마치 귀양이라도 가는 듯 두려워했지만 이제 모두들 적응이 된 듯하다. 필자도 고향이라고 해도 과언이 아닌 부산 출신이지만 영도에 대해서는 단편적인 기억밖에 없어 초기에는 다소 설레기도 했다. 하지만 이제는 공공연히 영도 사람이라고 떠들고 다닌다. 비록 2년의 짧은 기간이지만 영도를 삶의 터전으로 삼은만큼 그 동안 느낀 영도의 모습을 그려보고 싶다. 유화의 화려하고 중후한 맛은 아니라 해도 가벼운 터치의 수채화 정도로는 그리고 싶다. 하지만 어디까지나 욕심이다. 영도생활이 2년밖에 되지 않는 주제에 영도를 그리겠다고 하는 오만함이 이곳 터줏대감인 봉래산 영도할미의 노여움이나 사지 않았으면 좋겠다.

봄

우리가 이전해 온 것이 3월의 초봄이었다. 부산은 어디나 마찬가지지만 3월의 갯바람은 무척이나 을씨년스럽다. 기온이 높다 해도 봄에 불어오는 마파람이 옷 틈 구석구석을 헤치고 들어와 체감온도

- 1956년 9월 12일 경북 의성 출생
- 부산수산대학교 졸업
- 한국해양수산개발원 연구위원
- 해양 칼럼리스트
- 대한사이버문학회 회원
- ysock57@hanmail.net, 010-6209-3364

를 낮추게 된다. 이것을 모르는 서울 사람들은 봄추위에 어쩔 줄 몰라 한다. 더구나 우리가 있는 사무실은 영도 바깥쪽을 매립한 지역이기 때문에 탁 트인 외해에서 불어오는 바람이 장난이 아니다. 매립지는 은폐할 구릉지 하나 없기 때문이다.

하지만 비록 견디기 힘든 마파람이 쉴 새 없이 불어온다하더라도 봄은 봄. 더구나 남녘의 봄이 아닌가? 양지바른 곳에서는 2월부터 쑥이나 냉이를 키워낼 정도로 실제 온도는 따뜻하다. 그래서 정월 대보름만 지나면 곳곳에서 매화 꽃망울이 터진 것을 볼 수 있다. 주거지로 형성된 산복도로 옆의 된비알 가정집 마당에서는 활짝 핀 홍매화를 흔히 볼 수 있다. 또 이 무렵 군데군데 공터에는 겨우내 뜯어먹다 남은 유채가 노란 꽃망울을 터뜨린다. 제주도 관광지에서 보는 것과 같이 집단적으로 조성된 유채가 아니라 한 무더기씩 피어있는 유채꽃은 자연의 아름다움을 다른 각도에서 관찰할 수 있다.

봄의 영도는 먹거리에서도 찾을 수 있다. 영도는 섬이되 보통 섬이 아니다. 대한해협을 향해 돌출되어 있는 바위섬이다. 대한해협은 한국과 일본 사이의 좁은 해협으로서 쿠로시오해류가 사철 흐르는 물살 세기로 유명한 해협이다. 몽골군이 수차례 일본 정벌에 나섰지만 거친 물살에 번번이 좌절했던 곳이다. 그래서 옛날 사람들은 그곳을 현해탄(玄海灘)이라 불렀다. '물살 센 검은 바다'라는 뜻이다. 이런 물살 센 곳에서 자라는 고기는 육질도 남다르다. 거친 물살에 단련되었기 때문이다. 이곳에서 나는 도다리는 다른 곳의 도다리와 다르다. 그래서 봄이 되면 영도에서는 아주 맛좋은 도다리 쑥국을 먹을 수 있다. 육질이 쫀득쫀득한 영도 도다리로 만든. 거기에 더 나아가 현해탄에서는 다른 곳에서 잡히지 않는 어종이 있다. 바로 돌가자미가 그것이다. 일본말로 '이시가리'라고 하는데 부산 사람들은 최고의 횟감으로 친다. 돌가자미는 부산이라고 해서 아무데서나 먹을 수 있는 것이 아니다. 시내에서는 일부 횟집에서

나 먹을 수 있을 정도로 있는 곳이 드물지만 영도에서는 쉽게 먹을 수 있다. 영도에 돌가자미를 전문적으로 잡는 소형어선이 많기 때문이다.

봄이 좀 더 깊어지면 영도는 벚꽃으로 뒤덮인다. 영도에는 일제 점령기 이전부터 일본 사람들이 많이 살았다. 남항 건너편인 남포동, 광복동이 일찍부터 일본인 주거지였던 관계로 영도에도 일본인 거주지가 많았다. 배 건조장이나 수리소가 있어 거기 종사하는 사람들을 중심으로 상업지역이 형성되었던 것이다. 옛 전차 종점이 영도에 있었던 것만 봐도 그것을 잘 알 수 있다. 그래서 벚꽃이 많고, 대교동이나 남항동 일대에는 1970년대까지만 해도 왜식 다다미 집이 많았다. 필자의 외할아버지 뻘 되는 사람도 대교동에 살았기 때문에 어릴 때 일본식 집 구경을 할 수 있었다. 흔히 말하는 적산 가옥이었다. 최근에는 관광지로 소문이 나면서 태종대 주변과 남항을 바라보는 갈맷길 주변, 그리고 매립지를 가르는 해자 주변에 벚꽃단지가 조성되어 화사한 봄의 모습을 연출하고 있다. 그래서 벚꽃이 무르익을 때쯤이면 영도는 온통 꽃 천지가 된다. 진해 벚꽃에 못지않은 숨어있는 벚꽃세상이 펼쳐진다.

여름

원래 부산은 여름의 도시이다. 해운대, 광안리, 송정, 송도, 다대포 등 유명한 해수욕장이 많기 때문이다. 그래서 여름이면 부산은 외지인으로 넘쳐난다. 특히 젊은이들이 열광한다. 해운대 밤바다. 광안리 일대, 남포동과 서면은 젊은이의 낙원이다. 해운대와 광안리 밤바다는 여름 내내 잠들지 않는 곳이다. 아니 잠 못 들게 하는 곳이다. 더운 열기 때문이 아니라 젊음을 주체 못하는 광기에 병을 앓는 곳이다.

영도는 거기에 비해 좀 더 우아하게 여름을 맞이한다. 부산항을 건너 멀리 광안리와 해운대가 어렴풋이 보이지만 영도는 우정 그곳을 외면한다. 대신 우아한 모시적삼을 걸친 양반집 며느리처럼 다소곳이 여름을 맞이한다. 태종대 넘어 동중국해에서 불어오는 시원한 여름 바닷바람이 온 섬을 휘감으면 갈매기도 여름 한철만큼은 영도로 몰려와 조용한 피서를 즐긴다. 그래서 여름의 영도 봉래산에는 언제나 하얀 구름을 머리에 이고 있다. 더운 여름날 영도 사람들은 관광객들이 주로 찾는 태종대나 영도대교 부근을 피해 봉래산자락으로 가 노송 밑에 자리를 편다. 그리고 멀리 펼쳐지는 오륙도와 부산항을 드나드는 외항선을 바라보며 더위를 식힌다. 그럴 때면 간혹 영도할미가 다가와 미풍을 일으켜 잠 속으로 빠뜨리기도 한다.

영도의 여름은 태종사의 수국으로부터 시작한다. 벚꽃이 지고 한동안 영도는 휴식기를 갖는다. 그러다가 한차례 장마 비가 지나가고 나면 수국은 일제히 모습을 드러내게 된다. 탐스런 중년여인의 자태로서… 6월 중순, 수국이 만개할 때 태종사의 수국 군락지에 들어가면 현기증을 일으키곤 한다. 무더기로 피어있는 수국을 멀리서 보면 정숙한 중년여인의 모습이지만 정작 수국 속으로 들어가면 제각기 다른 색과 모습으로 온갖 교태를 부리기 때문이다. 그래서 수국 하나하나에 제대로 눈길을 줄 수가 없다. 공평하게 눈길을 준다 치더라도 점입가경의 모습에 종국에는 제정신을 뺏기지 않을 수 없는 것이다. 이런 수국의 모습이 이제는 전국적 명성을 얻어 천하잡놈들이 다 찾아와 본다 생각하니 조금은 안타까운 마음이 들기도 한다.

영도의 여름은 현란한 바다 먹거리의 천국이다. 온갖 해산물 요리를 먹을 수 있지만 필자가 특히 좋아하는 것은 하리 횟집촌의 가자미 물회와 중리 바닷가 해녀촌의 싱싱한 좌판 해산물요리이다. 영도에서 물회를 먹으려면 우리나라 3대 물회를 모두 맛볼 수 있지만, 그중에서도 하리 횟집에서 먹는 도다리 물회가 최고이다. 남항 시장의 자리돔 물회와 한치 물회는 그 다음이라 할 수 있다. 봄에 도다리 쑥국으로 입맛을 돋운 영도 도다리는 여름이면 물회로 둔갑을 한다. 돌가자미는 귀한 몸이기에 오직 회로서만 먹지만 도다리라고 하는 일반 가자미는 여름이면 물회로 먹는 것이 제일 낫다. 부산 식 물회는 동해안이나 제주도 물회와 달리 물을 그리 많이 붓지 않고 자작하게 만들어 먹는다. 굳이 표현한다면 물회라고 하기 보다는 비빔회에 가깝다고 할 수 있다. 하지만 필자는 동해안처럼 물을 많이 넣어 시원한 맛을 강조해 먹는데, 물의 정도는 오직 자기주관대로 할 따름이다. 횟집 주인이나 종업원의 간섭을 받을 이유가 없다. 물회가 나오면 먼저 고명처럼 채소 위에 올려진 회를 안주 삼아 소주 몇 잔을 즐긴다. 그리고 나서 물회를 만들어 먹어도 충분하다. 그만큼 회를 많이 넣어 주기 때문이다.

중리 해녀촌에 가면 제주도 출신 해녀들이 영도 앞바다에서 바로 잡아온 온갖 해산물을 좌판에서 그냥 썰어 판다. 해삼, 소라, 멍게, 성게는 기본이고, 때에 따라서는 문어도 삶아준다. 또 귀하게는 전복, 가리비도 잡아 오는데, 최고의 요리법은 싱싱함 그 자체이다. 검푸른 앞바다에서 바로 잡아온 해산물을 썩썩 썰어 초장에 푹 찍어 한 입에 넣으면 온 바다를 그냥 느낄 수 있다. 태종대 쪽에서 불어오는 시원한 바닷바람과 갈매기 해조음을 반주 삼는다면 비록 소박하지만 지상 최고의 좌판 레스토랑이 아닐 수 없다. 테라스 같은 바위 사이에 앉아 짜릿한 소주의 취기가 들라치면 오른편으로 흰 구름을 머리에 이고 있는 봉래산과 왼편으로 멀리 송도와 다대포의 원경, 그리고 그 사이에 펼쳐진 창해 푸른 물이 마치 짙은 수채화 물감을 풀어 놓은 듯 하늘거리는 것을 느낄 수 있다. 그때 한 잔 더 마셔 취기를 높이면 삶과 세월은 흘러가는 구름처럼 덧없게 느껴질 따름이다.

가을

영도의 가을은 소리 없이 찾아온다. 수국 사이에 숨을 죽이고 있던 쑥부쟁이, 구절초가 존재를 드러내며 가을이 왔음을 알려줄 따름이다. 뭍에서 숱하게 볼 수 있는 코스모스 군락이나 화려한 단풍의 절경은 없다. 결국 영도는 섬에 불과하다는 자책을 하는 것일까? 통상의 가을을 영도에서는 느낄 수 없다. 다만 하늘과 바닷물 색으로 미루어 짐작할 따름이다. 좀 더 연륜을 쌓으면 갈매기의 울음소리에서 알아차릴 수 있을까?

굳이 영도에서 가을을 느끼려면 늦가을이 되어야 한다. 수많은 벚나무 잎사귀가 오색으로 단풍이 들고, 그것이 한잎 두잎 떨어지는 것을 보고서야 통상의 가을을 느낄 수 있다. 하지만 이것은 우리의 관념문제이다. 가을을 언급할라치면 늘 하는 대로 상투적인 표현이 아니고서는 표현하기가 어렵기 때문이다.

영도에서의 가을은 하늘빛과 물빛에서 알 수 있다고 했지만 해변가로 가면 가을을 더 손쉽게 느낄 수 있다. 가을이 되면 강태공들이 바빠지기 때문이다. 좀 더 정확히는 강태공이 아니라 바나내공이지만. 가을의 영도는 물고기 천지이다. 여름내 먼 바다로 원영을 나갔던 고기들이 육지 근처로 돌아오기 때문이다. 영도는 부산항과 남항, 그리고 다대만을 지키는 길목에 있는 관계로 곳곳에 돌출된 갯바위와 방파제가 있다. 낚시꾼들은 이런 포인트를 놓치지 않는다. 여름이 끝나 가면 먼저 갈치와 고등어가 무리지어 나타난다. 특히 갈치는 야행성이기 때문에 밤바다는 낚시꾼들이 휘두르는 야광찌들의 집단 군무를 볼 수 있는 좋은 구경거리가 된다. 방파제부근과 돌출된 갯바위 주변에서 예술적으로 펼쳐지는 야광찌의 기묘한 곡선 춤사위는 가을 밤바다를 수놓는 환타직한 풍경이다. 상상해보라. 가을 하늘에 반짝이는 별빛과 야광찌의 곡선 춤사위, 그리고 멀리 펼쳐지는 부산항의 야광 조명등보다 더 환상적인 풍경을 어찌 연출 할 수 있을 것일까?

가을이 좀 더 깊어지면 영도 주위는 감성돔과 학꽁치가 득세를 한다. 감성돔은 은빛 자태에서 알 수 있듯 바다의 귀공자이다. 귀공자들이 흔히 그렇듯 조금은 오만해 보이지만 감성돔을 잡으면 여느 물고기처럼 함부로 대하지 않는다. 낚시 가방에 가지런히 담아 넣는 모습은 감성돔에 대한 예우 때문이다. 학꽁치도 낚시 줄에 걸려 올라오면 햇빛에 은빛 모습을 반사시키지만 감성돔처럼 귀하게 대접하지는 않는다. 그만큼 흔하기 때문이다. 대신 그 자리에서 토막쳐 소주 안주로 자주 제공된다. 학꽁치는 담백하여 아무리 먹어도 물리지 않는 좋은 횟감이기 때문이다. 학꽁치는 초장에 찍어 먹어도 맛있지만 조선식 막된장에 찍어 먹으면 회의 풍미를 더 깊게 느낄 수 있다. 거기에 풋고추와 마늘 한 조각을 곁들여 먹으면 안빈낙도의 즐거움을 배가할 수 있다.

겨울

영도에 겨울이 찾아온다. 부산에도 겨울이 있다. 영도의 겨울은 중부지방처럼 유별나지 않다. 눈도 없거니와 얼음도 잘 얼지 않는다. 그래서 겨울이라고 해봤자 제대로 겨울을 느끼지 못한다. 그래도 겨울은 춥다. 겨울바다는 더 춥다. 바람이 세고 매섭기 때문이다. 영도의 바람은 봄, 여름, 가을, 겨울 사철 불어오지만 겨울바람은 겨울을 알려 주려는 듯 추운 바람이다. 하지만 그것은 어디까지나 바람에 국한해서 그렇다는 말이다. 그래서 곳곳에서 상록수가 푸른 잎을 발하고 있다. 1월이면 동백꽃도 핀다. 양지바른 곳에서는 못된 쑥이 애써 겨울을 외면하고 있기도 한다.

그래도 영도의 겨울에는 영도만의 낭만을 느낄 수 있다. 영도의 겨울은 영도다리에서부터 시작된다. 영도다리에서 제2송도 벼랑 위의 모습은 그리스 산토리니의 풍경이다. 언덕에 층계를 이루며 늘어서 있는 흰 지붕, 그리고 언덕배기 아래에 펼쳐져 있는 쪽빛 바다는 과연 한국의 '산토리니'라고해도 과언이 아니다. 그래서 그곳의 우리 이름은 '흰여울마을'. 목장원까지 이어지는 길은 '흰여울길'이다. 영화 '변호인'으로 전국적으로 소개된 이후, 그곳은 젊은이의 유명 탐방장소가 되었다. 겨울에는 그 언덕배기에 따사로운 햇빛이 비치기 때문에 트레킹하기 더할 나위 없이 좋다. 흰여울길을 따라 푸른 바다와 흰 지붕들을 감상하며 목장원까지 가면 그 근처는 예전에는 '아카시아'라고 하는 야외 레스토랑이 있던 곳이다. 경사진 언덕배기 곳곳에 숲 속 방갈로를 만들어 밤바다의 낭만을 즐길 수 있었는데, 요즘에는 없어졌다. 아베크족들이 즐겨 찾는 곳이었는데, 언덕이어서 사고가 많이 나 폐쇄했는지 지금은 흔적도 찾을 수 없다. 대신 지금은 갈맷길이라는 트레킹 길을 만들어 해운대 '문로드(moon roda)'와 쌍벽을 이루는 부산의 대표적인 아베크길이 되어 있다.

영도의 겨울은 다양한 먹거리로 긴 겨울을 즐길 수 있다. 원래 영도는 우리나라 음식의 스펙트럼이 가장 넓은 곳이다. 경상도 음식은 기본이면서 오랜 일본인 거류 지역이었던 탓에 일본식 음식, 그리고 해방 후에는 이북 피난민들이 많이 산 관계로 이북 음식, 또 개발연대기에는 전라도와 제주도 사람들이 많이 이주해 왔기 때문에 제주도와 전라도식 음식이 뿌리내리고 있다. 그런 기반 위에 풍부한 해산물을 바탕으로 각 방식의 색깔을 더해 영도만의 먹거리 천국을 만들고 있는 것이다.

그 대표적인 것이 요즘 전국적으로 명성을 높이고 있는 부산 어묵이다. 그렇기 때문에 어묵을 이용한 오뎅과 같은 요리는 영도 겨울의 별미라고 할 수 있다. 또 곳곳에 산재해 있는 복국과 아귀찜

요리집, 먹장어와 붕장어의 또 다른 변신인 꼼장어 구이와 바닷장어 구이 집은 겨울 미식가들의 아지트가 된다. 여기에 한 가지 더 덧붙인다면 봄의 도다리 쑥국과 쌍벽을 이루는 하리 횟집촌의 물메기탕을 들 수 있다. 처녀 젖가슴보다 더 보드라운 육질과 대한민국 최고의 국물 맛을 자랑하는 바다 물메기탕은 영도 애주가의 숨은 겨울 미각이라 하지 않을 수 없다.

아울러 영도의 번화가인 대교동과 남항동 사이에 있는 남항시장-부산의 3대 재래시장-에는 위에서 말한 음식 스펙트럼을 한꺼번에 느낄 수 있다. 이북 음식의 대명사인 부산 돼지국밥과 순대국, 전라도 음식의 대명사인 홍어집과 민어횟집, 경상도식 추어탕과 각종 생선구이, 무엇보다 부산에서만 맛볼 수 있는 장어 어묵과 두툽상어고기는 부산, 특히 영도의 겨울 별미라 하지 않을 수 없다.

에필로그

영도의 봄이 찾아오고 있다. 또 한해가 시작된다. 영도의 사계는 비발디의 사계처럼 감미로운 선율로서 느낄 수 있다. 봄의 따사로움과 여름의 비바람, 그리고 시원한 바람, 가을의 온화함과 겨울의 청명함이 어우러져 신석기시대부터 삶의 터전으로 사랑받아 온 곳이다. 영도에 터 잡은 지 이제 겨우 2년이 지났지만 섬 구석구석을 돌아볼 때면 영도 동삼동 패총에서 발견된 신석기 시대 선주민의 숨결이 흐르는 듯해서 전율을 느낀다. 이 땅 어느 곳인들 신비롭지 않는 곳이 없지만 영도야말로 보고 느낄수록 신비감을 떨쳐버릴 수 없는 섬이라 할 수 있다. 그래서 이름도 영도(影島)라고 한 것일까?

이중섭과 세잔에 대한 단상

프롤로그

며칠 전 화가 이중섭의 작품 전시를 보았다. 부산시립미술관에서 백년의 신화라는 주제로 두 달째 전시되고 있는 지방도시에서는 보기 드문 전시회이다. 이중섭에 대한 이야기는 언론을 통해 간간히 들었지만 그의 작품을 직접 본 것은 이번이 처음이다. 더구나 이번 전시회는 기획 전시회로서 이중섭의 작품뿐만 아니라 시대별로 그의 일대기를 정리하고 해설해 놓아서 이중섭에 대한 모든 것을 알 수 있는 좋은 기회였다.

또 한 달 전쯤에는 화가 폴 세잔 관련 영화를 봤다. '나의 위대한 친구 세잔'이 바로 그것이다. 영화의 내용은 세잔의 절친인 소설가 에밀 졸라의 눈을 통해 세잔의 생애와 예술혼, 그리고 세잔과의 우정과 갈등을 표현한 작품이다. 세잔에 대해서는 중고등학교 시절, 미술책에서 단골처럼 듣고 보아 왔기에 누구보나 친숙한 화가이시만 그의 생애와 인간적 고뇌를, 또 작품활동의 배경과 작가정신에 대해서는 구체적으로 알지 못했다. 하지만 영화를 통해 세잔의 진면목을 알 수 있는 계기가 되었다.

이중섭과 세잔은 시대와 지역적 배경이 다르기 때문에 큰 연관성이 없을 듯도 하지만 예술에 대한 인간적 고뇌와 열정이라는 측면에서 일맥상통한 점이 많다. 또 화풍 역시 보는 자에 따라 달리 해석되기도 하나 전통 화법에서 벗어나 독창적 화풍을 만들었다는 점에서 매우 유사하다. 어쨌든 이 둘은 비록 당대에는 각광을 받지 못했지만 모두 사후에 엄청난 조명을 받으며, 오늘날 화단에 많은 영향을 끼친 선구자들이다. 그런 의미에서 이들을 고찰해보고, 두 사람의 연관관계를 유추해 보는 것은 미적 세계의 지평을 조금은 넓힐 수 있을 것이다. 어쩌면 필자만의 지극히 주관적인 생각일지는 모르겠지만…

이중섭

1916년 평안남도 평원군에서 태어나 1956년 9월 사망했다. 1956년 9월은 필자가 태어난 같은 해, 같은 달이다. 필자와 중섭은 삶의 시기를 연계하며 이 땅에 흔적을 남기고 있다. 중섭은 오산학교에 진학하여 화가의 꿈을 키웠는데, 오산학교는 남강 이승훈선생이 건립하여 수많은 선각자를 배출한 민족학교이다. 이후 중섭은 1937년 일본으로 유학하여 분카(文化)학원 미술과에 입학하였으며, 1940년과 43년 일본 미술창작가협회전에서 수상한 것으로 되어 있다. 1945년에는 함경남도 원산에서 분카학원 후배인 야마모토 여사와 결혼하여 거기서 두 아들을 낳았다. 이후 중섭의 작품 모티브는 아내와 두 아들에 대한 것이 거의 전부라 해도 과언이 아니다. 그래서 오늘날 중섭을 이야기할 때 흔히 가족애와 한의 작가라고 하고 있다.

중섭은 6.25가 일어나자 자유를 찾아 가족과 함께 부산으로 피난을 온다. 이후 고단한 피난살이 속에 생활고에 시달렸으며 통영, 제주를 전전하다 다시 부산으로 돌아와 아내와 두 아들을 일본으로 보내는 아픔을 겪게 된다. 수복 후 서울로 상경하여 서울, 대구에서 전시회도 개최했으나 어느 것 하나 제대로 된 호응을 얻지 못했다. 잇단 전시회 실패는 삶에 대한 실의로 이어지고, 극도의 생활고와 가족에 대한 그리움은 결국 자학적 모습을 표출하게 되었다. 거식증과 자폐증이 그것인데, 말년에 그는 식사를 거부하고 일본에서 온 아내의 편지도 읽지 않는 등 이상행동을 보이다가 결국 행려병

자로서 비참한 삶을 마감하게 된다.

중섭을 이야기할 때 뺄 수 없는 것이 가족애와 향토색이다. 생활고에 시달리면서도 항상 아내에 대한 사랑과 두 아들에 대한 애정을 작품화시켰다. '닭과 가족', '사내와 아이들', '길 떠나는 가족', '두 어린이와 복숭아', '바닷가의 아이들', '돌아오지 않는 강', '노란 달과 가족', '물고기와 노는 세 아이', '가족과 비둘기', '봉황(부부)' 등이 모두 그런 것이다. 또 향토색 짙은 그림을 많이 그렸는데 대표적인 것이 소 연작 작품이다. '소', '흰소', '노을 앞에서 울부짖는 소'가 그 대표작이며, 그 외에도 '사람을 치는 소', '소와 여인', '물고기가 그려진 소', '소와 어린이', '떠받으려는 소', '소머리' 등이 있다.

이중섭을 이야기할 때 뺄 수 없는 것이 은지화이다. 생활고에 시달리던 그는 담배봉지 속의 은박지에 그림을 그렸는데, 그것이 바로 유명한 은지화이다. 은지화에도 어김없이 가족애와 향토색을 표현하였으며, 아이들과 물고기, 복숭아 등을 그려 넣었다. 은지화는 흔치 않는 소재를 이용하여 거기다 중섭 만의 한을 새겨 넣었다 할 수 있다.

세잔

폴 세잔은 1839년 남부 프랑스에서 부유한 은행가의 아들로 태어났다. 그의 아버지는 세잔에게 법률 공부를 시켰으나 세잔은 오직 그림에만 관심이 있었다. 그래서 부자간에 심각한 갈등을 빚기도 했으나 어쨌든 세잔은 상당한 기간 아버지의 후원으로 그림을 그릴 수 있었으니 여느 화가와는 다르다고 할 수 있다. 하지만 세잔이 파리로 간 중반 이후에는 한때 아버지의 후원이 끊겨 궁핍한 생활고에 시달리기도 했다.

세잔을 이야기할 때 그의 친구 에밀 졸라를 뺄 수가 없다. 아버지

외에 또 다른 후원자라고 할 수 있기 때문이다. 에밀 졸라는 이태리에서 이주해 와 세잔의 학교 후배로 만나게 된다. 동급생들에게 괴롭힘 당하는 에밀 졸라를 세잔이 구해 준 후 둘은 절친이 된다. 세잔은 에밀 졸라를 포함한 고향 친구들과 계곡과 바다에서 마냥 뛰어 논다. 어릴 때의 이 기억은 훗날 그의 화풍에 크게 영향을 미치게 된다. 프로방스 지방의 강렬한 햇살과 쪽빛 바다, 그리고 산과 나무의 강렬한 색상은 자연 그대로의 색과 빛을 강조한 그의 화풍에 절대적으로 작용하였다.

본격적인 미술 수업을 위해 파리에 온 세잔은 처음에는 인상파의 영향을 많이 받았다. 그래서 풍경화를 많이 그렸으나 이후 사물을 원과 원뿔 등으로 분석하여 그리는 입체파적 화풍을 보였다. 이 시기의 세잔은 정물화와 인물화를 많이 그렸다. 하지만 그의 그림은 인기가 없었다. 아버지의 후원이 끊겼을 때에는 생활이 아주 궁핍해졌다. 이 무렵 에밀 졸라는 대중작가로서 큰 성공을 거둔다. 인기 작품을 거듭 발표한 에밀 졸라의 도움도 많이 받았으나 세잔을 실패한 화가 모델로 쓴 작품 때문에 세잔과 에밀 졸라는 결별하게 된다. 노년에 다시 프로방스로 돌아온 세잔은 어릴 때 뛰어놀던 계곡과 바다, 그리고 산과 숲과 나무의 풍경화를 많이 그렸다. 지중해에 면한 남부 프랑스의 강렬한 햇살은 세잔으로 하여금 보이는 그대로의 자연 빛을 매우 중요시하게 되었다. 그런 의미에서 그때에는 주관적 감정을 강조한 인상파 화가를 비판하기도 하였다.

말년의 세잔은 당뇨병으로 인간관계가 매우 불안정하게 되었다. 혼자 있기를 좋아하고, 정서가 다소 헝클어지기도 한 모습을 보였다. 세잔은 1906년 폭우를 맞아 폐렴으로 죽었다. 앞에서 언급한 영화는 그의 친구 에밀 졸라의 눈을 통해 본 세잔의 일생을 그린 것으로서 영화에는 프로방스의 강렬한 빛과 색을 잘 전달하고 있다. 또 그의 그림 속에 나타난 산과 풍경을 로케이션으로 사실 그대로 찍으려 노력한 흔적이 곳곳에서 발견된다.

세잔의 대표작을 보면 '붉은 조끼를 입은 소년', '아버지의 초상', '여자와 커피 포트', '카드 놀이를 하는 사람', '목욕하는 여인', '프로방스의 산', '에스타크의 바위', '생트 빅트와르의 산' 등이 있다.

에필로그

이중섭과 폴 세잔은 자기만의 세계를 구축한 점에서 유사한 모습을 보인다. 부유한 집안에서 태어난 것은 같은 점이지만, 이중섭이 청년시기 이후 매우 비참한 생활고에 시달렸고, 폴 세잔은 우여곡절은 있지만 말년까지 아버지의 도움으로 극심한 생활고를 겪지 않았던 점은 다르다고 할 수 있다. 또한 이중섭은 비참한 생활고 끝에 40세에 요절하였다면, 폴 세잔은 67세까지 비교적 장수하였다고 할 수 있다.

아무튼 이중섭은 생전에 그렇게 비참한 생활을 하였지만 사후 우리나라를 대표하는 화가로 자리매김 되고 있으며, 오늘날 그의 작품은 편당 수십 억 원을 호가하기도 한다. 그럼에도 불구하고 그가 평생 그리워하고 애정을 보였던 그의 가족들은 비참한 생활에서 헤어나지 못했다. 그의 아내는 일본에서 삯바느질로 두 아이들을 키웠으며, 아이들은 성장하여 평범하게 생활하고 있는 것으로 알려지고 있다. 이중섭이 보내준 엽서와 소품들은 주위의 꼬임에 다 뺏겨 경제적 도움은 하나도 받지 못했다고 한다.

폴 세잔 역시 사후 얼마 되지 않아 재조명 작업이 벌어져 19세기를 대표하는 화가로 인정받게 되었다. 그리고 20세기 아방가르드의 방향성에 큰 영향을 미쳐 입체파의 시초로 추앙받게 되었으며, 20세기의 대표적 화가, 피카소, 브라크, 메징거 등에 큰 영향을 주었다.

이에 반해 세잔은 가족에 관한 한 그렇게 화목하지 못했다. 아버지와의 불화도 그렇지만 말년에 그의 아내와의 불화는 그를 암울하게 하였다. 세잔도 아들을 두었지만 그 관계는 잘 알 수 없다. 아내와는 여러 차례 화해를 시도하기도 했으나 쉽게 융합되지 못했으며, 생전에 세잔의 유산을 아내가 아닌 아들에게 물려주려했던 점으로 보아 아들과의 관계가 그렇게 나쁘지는 않았던 것 같다.

어떤 예술분야건 그 발전과정을 보면 여러 군데서 영향을 받아 발전하는 것이 일반적이다. 이중섭 역시 일본 문화학원 미술과에서 수업을 받으면서 세잔에 대해 많은 공부를 하였을 것이다. 이중섭이 세잔에 대해 구체적으로 어떤 영향을 받았는지는 잘 모르겠다. 영향을 받았다는 전문가의 평을 본 적도 없다. 하지만 이중섭이 공부를 한 시기를 생각하면 영향을 받지 않았다고 할 수 없을 것이다. 이미 그 시기에는 피카소, 브라크 등이 대가로서 활동하던 시기이니까. 필자의 짧은 미술 식견으로 감히 피력해 본다면 중섭의 단순한 선과 면을 이용한 화풍은 적어도 입체파적 기풍에 영향 받은 것이 아닌가, 그렇다면 그 원형은 세잔이라고 할 수도 있을 것 같다.

이중섭과 세잔 간 또 하나의 유사성이 있다. 이중섭은 어쩔 수 없이 피난을 오기는 했지만 대부분의 작품들은 부산, 통영, 제주의 바닷가에서 만들어졌다. 세잔이 프로방스의 강렬한 햇빛아래 산과 바다 작품을 남겼다면 이중섭은 따뜻한 남쪽 바다를 배경으로 어린이와 물고기, 게, 풍경을 그렸던 것이다. 그래서 둘의 그림 속에는 어딘지 모르지만 인간의 따스함이 깃들어 있는 것을 느낄 수 있다.

수필
천홍자

헬리코박터균의 경고

무더위를 이겨내느라 쉴 새 없이 들이킨 냉커피가 주범이었을까? 밥을 먹고 돌아서면 금방 배가 고프고 트림이 계속되고 무기력에 빠지는 일상이 계속됐다. 언제나 그랬듯이 시간이 지나면 괜찮아질 거라고, 여름이 지나고 가을이 오면 가을 하늘처럼 몸도 마음도 상쾌해질 거라고 믿고 버티고 있었다, 버티는 것만이 최선이고 참는 것이 몸에 밴 생활이 병을 더 키워가고 있음을 몸으로 느껴본 건 이번이 처음이었다.

마침 의료공단에서 보내온 무료검진이 있어서 받아보기로 했다. 매번 간신히 통과했던 결과가 이번에는 설마를 넘지 못하고 탈이 났다. 가슴이 철렁 내려앉고 눈앞이 캄캄했다. 내시경 결과가 좋지 않았다. 동전만한 크기의 위궤양에 헬리코박터균까지… 암일 가능성이 50%라고 큰 병원에 가보란다. 술과 담배를 하는 것도 아닌데 위벽에 구멍이 났다니… 한 달 치 약을 가방에 넣고 집으로 돌아오는 내내 불안하고 초조했다. 열심히 살아온 대가가 이런 거였나. 인생의 후반전이 이제 시작인데 시작도 하기 전에 또 넘어지는 건가… 때늦은 후회가 밀려온다.

맨 먼저 아들에게 문자를 보냈다,

- 1959 경북 봉화 출생
- 2008년 《문학사랑》 수필부문 신인 문학상 수상
- 2009년 '휴먼 메신저' 봄호 시 부문 신인상 수상
- 대한사이버문학회 회원
- 문학사랑 회원
- E-mail ghail : kr6815@hanmail.net

“엄마가 암일 수도 있대…”

크게 놀랄 줄 알았는데 그냥 덤덤하게 “어허 그것 참.” 그 한마디 뿐이다. 내가 자식들한테 너무 기대하고 있었던 건가? 결혼하고 나면 저들 잘 살면 그만이지 하면서도 기대고 있던 언덕이 무너지는 느낌이다. 나 역시 부모한테 그러했듯이 결혼하기 전에는 그렇게 살갑던 녀석이 제 식구 먼저 챙기는 게 당연하지 싶으면서도 서운하다. 부모 곁을 떠나 자신만의 울타리를 만들고 지키는 것이 결국은 나를 위한 일이고 가족 모두를 위한 길이라는 걸 안다. 큰 것을 바라는 것도 아닌데 살가운 마음 하나 받고 싶은 것이 사치처럼 느껴지다니… 앞으로 이런 허탈감은 수없이 찾아오고 지나가겠지만, 순간순간 대처를 잘하는 것도 부모의 역할이라고 생각하니 마음이 무거워진다.

쉬운 것이 가장 어려운 것이라는 것을 깨닫는 순간이다. 먹고 사느라 바빠서 아이들 성장기에 잘해주지 못한 것이 마음에 걸리고 미안함은 점점 커지는데 아이들한테 부모의 존재감은 갈수록 작아지는 것이 때로는 아프고 시리지만 하나씩 내려놓고 받아들이는 연습을 해야 한다.

큰 병도 아닌데 내가 호들갑을 떨었나 보다. 이 나이쯤 되면 당연히 맞이해야 하는 손님이건만 처음 겪는 일이라 초연하지 못했다. 기대하지도 않았던 딸이 오히려 호들갑이다. 불효자식이 마지막에 효도한다더니 엄마 마음을 많이 힘들게 했던 녀석이다. 서로 무심한 듯 살아가지만 어렵고 힘이 들 때 가장 먼저 달려오고 힘이 되는 게 가족이 아니던가. 아들도 표현은 좀 서툴지만 속으로 많이 걱정하고 있었던 모양이다. 위 건강에 좋다는 양배추 즙을 택배로 보내왔다. 짧은 한마디 속에 많은 의미가 담겨있지 않았을까.

건강 위주의 식단보다는 때우기 식 식단이 문제였다. 급하게 먹고, 아무거나 먹고, 짜게 먹고, 늦은 시간에 먹고, 무절제한 식습관이 비만을 부르고 성인병을 초래한다는 것을 몸소 경험하고 나서야 정신이 번쩍 든다. 적게 먹고, 골고루 먹고, 싱겁게 먹고, 늦은 시간에 먹지 않고 ,그렇게 실천하니 몸이 가벼워졌다. 겉모습의 아름다움보다는 내면의 건강함이 진짜 아름다운 모습이라는 것을 헬리코박터균이 경고한 셈이다.

헬리코박터균은 위암을 일으키는 세균이다. 위염이나 위궤양이 있는 사람은 암 발병률이 4배나 높다고 하니 꼭 치료를 받아야 한다. 언젠가 헬리코박터균이 든 우유를 선전하던 광고가 생각난다. 성장기 어린아이나 건강한 사람한테는 오히려 득이 되는 균이라고 하니 너무 무서워할 필요는 없다.

그렇게 좋아하던 빵과 커피도 끊고 쓰디쓴 약을 잘 챙겨 먹은 덕분에 3개월 만에 완치 판정을 받았다. 인생의 단맛과 쓴맛을 다 겪었고 안다고 생각했는데 진짜 쓴맛은 이제 시작이다. 기력은 점점 떨어지고 몸은 하나씩 고장 나고 말로는 건강이 최고라고 하면서 실천은 뒷전이니 병이 찾아오는 건 당연하다.

실제 우리를 위협하는 것은 일상생활에서 접하는 독성 물질이다. 공기, 물, 환경, 인스턴트 식품이나 패스트푸드에 든 각종 화학 첨가물이 그런 것들이다. 평소에는 인스턴트 식품이나 패스트푸드를 즐겨 먹었는데 지금부터라도 한국인의 밥상으로 다시 바꾸는 연습을 해야겠다. 된장찌개와 검은 콩밥을 계속 먹었더니 속도 편안하고 건강해졌다. 내게 먹거리의 소중함과 뛰지 말고 쉬어가라고, 그래도 괜찮다는 것을 알게 해준 헬리코박터균에 감사라도 하고 싶다. 그러지 말아야지 하면서도 또 바동거리고 살 테지만 아파 봐야 절제하고 감사 할 일이 많아진다.

수필
한선주

청춘은 여행이다

— 청춘은 여행이다. 찢어진 주머니에 두 손을 내리꽂은 채 그저 길을 떠나도 좋은 것이다. 〈체 게바라〉

이웃끼리 만나면 대만 여행이 단연 화제의 우두머리다. 자식 잘 둔 덕에 자유 여행 즐기고 온 이웃은 만날 때마다 자랑한다. 시샘도 나지만 나도 저들처럼 다 큰 자식이 있는데 왜 가지 못할까? 여행 좋아하는 이 버릇은 또 안달이 나기 시작했다.

"남처럼 효도는 못 하더라도 엄마 데리고 대만 구경 한번 가주라."

혼기를 훌쩍 넘긴 우리 집 두 딸은 저들만의 세상을 산다. 친구를 앞세우며 여행이야 어디야 엄마는 언제나 뒷전이다. 그냥 지나가는 부탁이 아님을 눈치 채곤 경비부터 들먹인다. 강아지 똥의 권정생 선생이 그러셨던가? 잘 산다는 건 겨우겨우 사는 것이라고. 바로 우리 집을 두고 하신 말씀인 것 같다. 살림은 많이 쪼들리지만 좀처럼 딸아이와 시간 맞추기 쉽지 않아서 답변 얻었을 때 바로 시행해야 한다. 일은 일사천리로 진행되어 바쁜 사람은 남겨두고 카드빚을 내어 두 딸과 함께 대만행 비행기를 탔다. 여행사 가이드를 따라 지정된 코스만 돌아다니는 일률적 여행에서 탈피하여 마음 내키는 대로 발길 닿는 대로 두 딸과 함께 다닐 걸 생각하니 비행기보다 내가

• 1958년 경남 합천 출생
• 현재 대구 달성 거주
• 《문학사랑》 수필 부문 신인상 당선
• 대한사이버문학회 회원
• 문학사랑 회원
• E-mail : tjswn112@hanmail.net

더 높이 하늘로 떠오른 기분이었다. 비행시간이 두 시간 반쯤이라 베트남 갈 적보단 작지만 나는 작정한 책을 읽으려 독서 등을 켰다.

여행 중에 읽을 독서 거리로 대한사이버문학 회장님이시자 내겐 큰 스승님 같은 존재인 서혜원 선생님의 소설 참고인을 선택했을 때엔 두꺼운 소설집을 짧은 비행시간 안에 다 읽을 수 있을까 걱정했었다. 이것은 기우였다. 여러 편의 단편으로 엮어졌다는 생각을 다시 하고 우선은 제목인 "참고인"을 읽기로 했다. 저자인 선생님으로부터 책을 선물 받으며 전편을 거의 읽었었다. 하지만 건성거린 부분도 있고 생각 없이 넘긴 책장도 있어서 내용에 대한 기억이 좀처럼 나지 않았다. 해서 천천히 탐독하기로 작정하고 비행기에 타자마자 책부터 펼쳤다. 그러나 짧은 비행 중에 책을 읽는다는 건 쉽지 않았다. 지금껏 다녀본 베트남이나 중국 여행과는 달리 대만행 비행기의 승객은 대부분이 젊은 커플이었다. 그들이 안고 온 아이가 울음을 터트리자 기내는 술렁대기 시작했다. 승무원이 동원되고 곁의 엄마들까지 아이를 달래도 도무지 그칠 생각을 안 했다. 돌을 막 지냈음직 한 이 아이는 비행기가 대만에 도착할 때까지 기내의 승객들에게 불편을 제공했다. 멀미인지 머리까지 지근거리며 아파와서 결국 책 한 페이지 넘기지 못하고 비행기를 내렸다.

공항에서의 택시는 그 나라의 얼굴이라 해도 과언이 아니다. 친절함에 따라 나라의 등급이 매겨지기도 한다. 일전에 인천공항에 들어온 외국인에게 바가지를 씌운 택시기사 이야기가 매스컴을 크게 탄 적이 있었다. 바가지 쓴 사실을 알게 된 여행객이 호텔에 신고를 했다. 호텔로부터 연락을 받은 경찰이 조사하여 택시기사를 잡았다. 기사로부터 회수한 바가지요금을 다시 돌려주었으나 여행객은 건강사회를 위해 쓰라며 받지 않았다고 한다. 아무리 교육하고 또 단속을 하여도 없어지지 않는 것이 택시 바가지 상흔이다. 대만의 택시는 바가지는커녕, 팁도 바라지 않는 친절 제일주의로 칭찬이 자자함을 인터넷을 통하여 익히 알고 있었다. 진절머리 나도록 세계를 주름잡고 다니는 둘째 딸애도 대만은 처음이었다. 여자 셋이 자정이 넘은 시간에 무작정 택시 타기가 나는 좀 두려워서 불러서 오는 우버 택시를 타자고 하였다. 하지만 딸애는 겁도 없이 대기 중인 택시에 무작정 올라탔다. 소문처럼 기사는 친절하게도 시종일관 웃으며 운전을 하여 예약한 호텔에 내려주었다. 검색으로 알아본 요금과 별 차이도 없었다.

일본의 통치를 받으며 일본의 좋은 점을 본 받아서 친절과 검소함을 우선으로 살아간다는 대만인들은 중국과 같은 피를 나누었으면서 행동과 말투는 딴판이었다. 소곤소곤 낮은 목소리로 대화를 해 남에게 피해를 주지 않으려 애쓰는 모습이 역력했다. 여행하며 처음으로 접한 대중교통은 내게 퍽이나 인상적이었다. 특히나 지하철은 대구 지하철과 많이 비교가 되었다. 천장에 붙어있어서 반대편을 볼 수없는 우리네 스크린도어와는 달리, 대만은 가슴높이까지만 세워져서 전차가 오가는 모습이나 건너편 사람들의 움직임까지 훤히 보였다. 모르긴 해도 이런 지하철에서는 스크린도어에 끼이는 사고는 일어나지 않을 것이다. 또, 1호선에서 2호선으로 갈아타려면 한참을 걸어야 하는 우리네 지하철과 달리. 돌아서면 바로 원하는 전차가 들어왔다. 노약자석이 출입문 옆에 있는 것 또한 상당한 편리함으로 생각되었다. 지하철 역사까진 알 수 없지만 왜인지 우리 지하철보다 대만 지하철이 더 좋은 것 같다는 생각을 지울 수가 없었다.

보도가 엄연히 있건만 건물 1층을 죄다 도로로 내어주어 우산이 없어도 비를 맞지 않고 걸을 수 있는 배려함이나, 자정이 넘은 시간에도 번화가 뒷골목에 딸애처럼 장성한 처자들이 돌아다녀도 아무렇지도 않은, 취객은 눈을 씻고 보아도 없었고 후미진 곳이라도 비닐봉지 한 장 널려있지 않았다. 도수 낮은 맥주를 주로 마시고 취하도록 마시지 않는 일본인을 닮은 대만사람들의 취향 때문이라고 하였다. 하지만 여기에도 함정은 있었다. 눈에 보이는 것만이 전부가 아니기 때문이다. 101층 빌딩을 구경하고 밤이 이슥해져서 용산사로 향했다. 불교와 유교 도교를 함께 모시는 종합사찰이라 알고 찾았지만, 종교가 없는 나와 딸애는 매캐한 향내가 싫어서 경내를 제대로 돌지도 않고 밖으로 나왔다. 숙소로 돌아가자는 합의를 하고 딸애는 폰을 꺼냈는데, 이런. 딸애의 폰 배터리가 다 되었다. 폰에 모든 걸 입력해놓고 또 번역기까지 찾아놓아 대만 언어를 못해도 하나 불편하지 않았었다. 딸애는 폰을 켤 수 없자 모든 것이 무너져 내린 것처럼 당황하기 시작했다. 하지만 호텔 이름을 알고 있으니 일단 택시를 타자며 앞장서 기다랗게 줄지어 서 있는 택시정류장으로 갔다. 용산사는 대만의 국보급 사찰이다. 주요관광코스로 외국인이면 누구나 찾는 곳이다. 택시기사는 당연히 호텔 이름 정도는 알 것이라는 생각이 들었다. 우리는 무조건 택시를 타고 작은애가 기사에게 호텔 이름을 일러주며 아느냐고 물었다. 기사는 영어를 전혀 못 했다. 호텔이름을 몇 번이나 들려주어도 모른다는 손짓만 하였다. 그러면서도 어기적거리듯 택시는 천천히 굴러갔다. 다른 택시를 타기 위해 내리는 딸애의 옷자락을 기사가 잡았다. 눈을 부라리며 택시비를 내고 가라는 손짓을 하였다. 택시 바가지는 대만엔 없는 줄 알았다. 좋은 인상이 달아나는 순간이었다. 길 물어보고 모른다 해서 내렸는데 요금을 주라니. 이건 앞에서 이야기한 한국의 공항 택시보다도 더 나쁜 짓이었다. 성질이 솟아올랐다. 따지고 들면 아무도 말리지 못하는 내 성미를 잘 아는 딸애가 적극적으로 말리며 택시 뒤로 나를 밀어붙였다.

"엄마. 왜 그래? 그냥 기본요금만 주면 되는데. 여긴 대만이야. 대구가 아니라고."

우리의 요금과 비슷한 체제라 2천5백 원 정도의 대만 돈을 딸애가 지불했다. 돈이 문제가 아니고 정신이 문제였다. 순진하게 생긴 여자 셋이 택시를 타니 얕잡아 보고 하는 짓이라고 나는 딸애에게 분풀이를 해댔다. 어쨌든 숙소에는 가야 하기에 이번엔 착해 보이는 여자기사의 택시를 탔다가 앞서의 기사처럼 같은 요구를 받았다. 대만 택시는 물어만 보아도 기본요금을 내야 하는지 알 수 없지만 이건 너무한다는 생각에 화가 치밀어왔다. 나보다 한참이나 젊은 택시기사는 고등교육을 다 받았을 터인데 영어를 한마디도 못한다는 자체가 이해되지 않았다.

"야, 누굴 바지저고리로 아냐? 이 나라는 경찰. 폴리스도 없냐? 폴리스 한테 가자."

폴리스를 소리치자 그건 알아들었는지 택시기사는 슬그머니 차를 뺐다. 그래도 이렇게 기사에게 대들 수 있다는 사실만으로도 대만의 치안은 완벽한 것이다. 중국이나 베트남에서라면 어림도 없다.

"엄마. 찾았다 찾았어."

근처를 돌아보던 딸애가 파출소를 찾았다며 환호를 질렀다. 경찰은 역시 외국인에겐 친절했다. 딸애와 영어로 몇 마디 대화 하더니 벽에 걸린 지도를 가리키며 우리가 묵고 있는 호텔을 대번에 찾아냈다. 그 자리에서 호텔에 전화를 하여 딸애가 적어준 우리의 이름을 불러주며 확인도 하였다. 그러곤 호텔 이름을 대만 글로 적어주며 택시기사에게 보여주면 된다고 하였다. 하지만 안심이 안 되는지 여경이 따라 나와 택시를 잡아 기사에게 우리가 가는 곳을 일러주었다. 공손히 인사하며 환한 웃음으로 우리를 배웅하던, 대만의 여경이 내 화를 풀어주었다.

씁쓸한 추억의 한 요소이지만 대체로 대만엔 좋은 사람들이 더 많았다. 지우펀에서 화련에서 중정기념관에서 등. 거의의 대만사람들은 외국 관광객에게 우선순위를 양보하고 극진한 친절을 베풀고 상품 판매에서도 웃돈을 요구하지 않았다. 경제상황은 매우 안 좋지만, 사람들은 모두 활달하였다. 홍등가. 화련 지우펀. 진과수, 그리고 미미크래커와 펑리수. 영원히 잊지 못할 지금은 추억이 되었다.

야간비행을 금지하는 대구항공 탓에 우리는 새벽 1시가 넘어서야 이륙하는 비행기를 탔다. 저가 항공이라 기내식으로 빵 두개가 나왔다. 나는 입안에 빵을 넣고 오물거리며 못다 읽은 참고인을 보려고 독서 등을 켰다. 신문을 읽는 남자의 귀에 아내의 잔소리는 들리지 않는다고 한다. 남자는 어디 한 곳에 집중하면 주변은 보이지 않는다는 뜻이다. 반대로 여자는 세 명이 동시에 대화를 하여도 소통이 된다. 여자는 아이로 인한 기내의 소란을 즐기면서도 독서를 할 수 있다는 뜻도 된다. 군대 간 조카가 휴가 나와 한 말도 생각났다. 멀리와 가까이에 두 개의 측량대를 일직선으로 세우는데 두 손을 사용함에 있어서 남자보다 여자가 훨씬 빨리한다는, 측량대의 다른 위치를 남자는 한 개씩 바로 세우지만 여자는 한꺼번에 두 개를 세운다는 뜻이다. 그 말의 실효성은 금방 확인되었다. 불행하게도 울보아이는 또 같은 비행기를 탔다. 비행기가 이륙하기도 전에 울음을 터트리더니 도착 내내 울다 그쳤다 하며 승객을 불편하게 하였다. 모두가 잠든 비행기 안에서 나만의 등을 켜고 시집을 읽던 베트남 여행 때의 기분은 싹 가셔졌지만. 책장을 넘기다 보니 아이의 울음은 독서를 방해하는 걸림돌은 되지 못한다는 사실을 깨달았다. 비록 내용에 대한 세세함을 다 알지 못하지만 그래도 귀중한 이야기를 머리에 넣었다는 나만의 자부심에 입가에 미소를 흘리며 나는 비행기 트랩을 내려왔다. '청춘은 여행이다.' 대만에 가려고 인터넷 검색을 하다 찾아낸 여행에 대한 체 게바라의 명언이다. 청춘. 청춘은 무엇일까? 젊은 시절을 일컫는 말이다. 내게서의 젊음은 이미 지나갔지만. 여행을 하면 사그라진 줄 알았던 그 청춘은 다시 살아난다. 그래서 나는 또 청춘을 그리며 여행을 꿈꾼다.

스마트폰의 폐해

"엄마. 핸드폰을 두고 왔어. 화장대 위에 있나 봐요."

늘 덤벙대는 작은딸 다혜의 전화다. 난잡하게 늘어놓는 것을 좋아하는 작은 딸은 출근 시간이면 준비물을 챙기느라 부산하다. 나가다 들어오고를 서너 번은 해야 진짜 출근을 한다. 오늘도 예외는 아니다.

"여보씨요. 다혜님. 지금 들고 있는 전화는 무엇이라요?"

"뭐긴? 엄마. 언니 껄 내가 가져왔잖아."

"뭔 언니 것이고? 번호가 다혜 네 것이구먼."

자신의 전화로 통화하면서도 작은딸은 모르고 있었다.

"아. 맞네. 내 참. 언니는 왜 내 것이랑 똑같은 전화기를 사서 말썽이야. 참."

그래도 제 잘못을 인정 안 한다.

내가 지금의 딸아이 나이만 할 땐 이런 전화기가 나오리란 상상도 하질 못했다. 아니, 손에 들고 다니는 전화가 나온다 해도 집안 식구들 모두 하나씩 가질 줄은 꿈도 꾸어본 적이 없다. 하지만 이제 핸드폰은 없으면 안 되는 필수품이 되었다. 스마트폰이 나오며 검색을 통하여 알고 싶은 것을 찾는 데 많은 도움을 주지만 그래도 핸드폰의 주목적은 전화기로서의 통화이다.

집안일이 있어서 마산에 다녀오던 길이었다. 예매하지 않은 탓에 근근이 막차 뒷좌석을 얻어 탔다. 안도의 숨도 잠시, 차가 출발하기도 전에 왁자한 말다툼에 정신이 어지러워졌다. 앞자리 대학생쯤으로 보이는 여성이 나이든 어른과 언짢은 소리를 주고받고 있었다. 운전기사가 뒤돌아보며 중재를 했고 소란은 가라앉으며 차는 출발하였다. 70대로 보이는 어른이 딸아이보다 더 젊은 여성에게 싫은 소릴 듣는 이유는 다 있었다. 그놈 전화 때문이었다. 어디 잔칫집에라도 다녀오는지 멀쩡한 옷을 입고 있건만 값어치를 못했다. 버스가 시내를 벗어나 고속도로에 올라서자 소곤거리던 어른의 전화통화 목소리 톤이 올라갔다.

"뭐? 어째 너 이 자식. 죽고 싶어? 내가 거길 못 갈 줄 알아?"

뒷좌석의 내 귀에도 쩌렁대게 들려왔다. 참 좋은 세상이다. 버스를 타고서도 요금 걱정하지 않고 마음대로 통화를 할 수 있는, 요컨대 받는 상대자도 어른과 비슷한 성품의 소유자이지 싶었다. 무엇이든지 죽이 맞아야 한다. 어른이 자신의 소리가 시끄러운 줄을 잘 알 터인데. 또 운전기사로부터 한 차례 주의를 받았음에도 주위를 의식하지 않는 것은, 자신보다 나이가 더 든 어른을 우대해 주는 우리나라의 좋은 풍습을 익히 알고 있어서 일 것이다. 45인승 버스의 자리를 다 메운 승객 중엔 자신이 최고령자일 터이니 통화 소리가 좀 시끄럽다고 누구도 항의하진 않을 것이라 여겼나 보다. 버스가 구마고속도로로 접어드는 출발 30분이 지났음에도 어른의 전화는 끝나지 않았다. 저 정도 나이가 되면 귀가 약간은 어두워진다. 상대의 목소리가 제대로 인식되지 않으면 자신의 목소리는 자동으로 커지기 마련이다. 밤 9시가 넘은 버스 안은 실내등도 꺼졌고 승객은 잠에 빠진 듯 조용한데 어른의 목소리를 자장가로 듣기에는 거북함이 가득 찼다. 욕지거리가 사정없이 흘러나왔다. 평소의 나는 이런 것 그냥 지나가지 못한다. 아닌 걸 그냥 참지 못하는 안 좋은 성질이 내게 있기 때문이다.

작년 가을에 동인지 출판기념회에 참석하고자 서울 가는 첫차를 탔을 때였다. 승객은 나를 포함해 모두 5명뿐이었다. 실내등을 소등한 버스는 모자란 잠을 자기엔 안성맞춤이었다. 하지만 내 기분은 버스가 고속도로에 접어들기 전에 깨어지고 말았다. 뒷좌석에 앉은 젊은 대학생의 통화 때문이었다. 여자 친구와 터미널에서 헤어진 듯 아쉬움을 담은 이야기가 길어지며 새벽잠을 쫓아냈다. 별것도 아닌 내용인데 젊음을 이유로 이해하려니 해도 너무 하는 느낌이 들어 출발 30분쯤 지나서 나는 학생에게로 갔다.

"이봐요. 학생. 다들 자는데 이제 전화는 그만하고 카톡을 쓰든지 해요. 너무 시끄러워."

인상을 찡그리며 다시 또 전화하면 혼내주겠다는 생각을 표정에 담아 보냈다. 그때 나를 쳐다보며 이죽거리던 학생의 얼굴이 아직도 생생하다.

"이상한 아줌마가 와서 시끄럽다네. 전화 꺼야겠다. 아님 맞아 죽겠어."

뭐라고? 맞아 죽어? 기가 차서 내 자리로 가다가 획, 다시 돌아섰다. 진짜 패 죽이고 싶도록 미웠다. 그러나 서슬 퍼런 내 눈길에 전화기를 내려놓으며 어깨를 움츠리는 학생을 보며 그만 웃고 말았었다. 싱그러운 젊음이 부러워서였다.

급한 전화라 해도 곁에 피해를 주면 안 된다는 것, 그 젊은이나 여기 나이든 어른이나 모를 리 없다. 자신이 아닌 자신의 옆자리에서 누군가가 큰 소리로 통화한다면? 모르긴 해도 난리 쳐 댈 것이다. 이는 자신의 행동이 남에게 피해를 준다는 사실을 인식하지 못하고 있기 때문이다.

보기보단 내 성질은 좀 급하다. 나를 잘 모르는 사람들은 이런 불같은 성질을 이해 못 한다. 나이 들면서 많이 가라앉았지만 정말이지 이번에는 화가 머리 꼭대기기까지 올라왔다. 아무리 나이든 어른이라지만 누군가는 일침을 주어야 한다. 그런데 해결사는 엉뚱한 곳에 있었다. 경광등을 번쩍이며 뒤따라오던 경찰차를 예사로 생각했는데 대구 화원을 지나 남대구 들기 전의 넓은 길에서 앞쪽으로 오며 내가 탄 버스를 갓길로 유도하여 정차시켰다. 버스 기사가 앞문을 열며 방송을 하였다.

"죄송합니다. 승객 한 분이 경찰에 고발하여 잠시 검문을 받겠습니다."

이어 경찰이 들어오고 그때까지 전화기를 들고 있던 어른과 옆자리 젊은 여성을 데리고 나갔다. 요즘 젊은이는 참 당돌하다. 웬만하면 참고 가려만 시끄럽다고 112에 바로 신고를 한 것이다. 경찰은 뒤따라오며 안전지대에 들어서자 버스를 세웠고. 통화가 시끄럽다고 신고를 하면 죄로 인정이 될까? 죄가 된다면 저 어른을 잡아갈까? 궁금증이 도졌다. 하지만 예상과는 달리 도착지에서 해결한다면서 경찰은 오히려 신고한 여성을 데리고 가고 어른은 버스에 도로 태웠다. 나는 중간 기착지에서 내렸기에 마지막 상황을 알 수 없지만, 그 어른 참으로 대단한 어른이었다. 자신의 통화로 버스 안의 모든 승객이 불편을 겪었음에도 내가 내리던 그 순간까지도 욕설이 섞인 통화를 계속하고 있었다.

남의 말 하기는 참 쉽다. 돌아보면 나 자신도 스마트 폰으로 인하여 남에게 손해를 끼치기도 했을 것이다. 그 어른처럼 느끼지 못해서이지. 전화통화란 간결하고 짧게 하고 끊는 것이 좋다는 사실 우린 어려서부터 수없이 들어서 잘 알고 있다. 결혼을 하고 유선전화를 집에 처음 들였을 때도 통화요금이 겁나서 공식적인 일이 아니면 통화를 하지 않았었다. 하지만 요즘의 전화기는 대부분이 통화료는 무료다. 나 역시 친구나 언니하고 통화를 시작하면 끝없이 늘어진다. 버스 안에서 일어난 소동의 주인공인 어른을 나무랄 만큼 나 자신이 전화통화에 완벽하지 않다는 이야기다. 그러나 듣기 안 좋은 소리를 버스 안 모두에게 들려주며 피해를 입힐 정도까지는 하지 않는다. 특히나 대중교통을 이용하며 전화통화를 할 적엔 주위를 돌아보고, 혹시나 나의 전화로 누군가 불쾌하게 생각하지 않을까 여유를 가지는 멋도 풍길 줄 안다. 왜냐면? 세상을 나 혼자만이 살아가고 있는 것이 아니라서.

아동문학

정이식 마지막 돌직구 외 1편

동화
정이식

마지막 돌직구

늦었다. 평소엔 없던 짓이다. 버스는 떠나지 않고 있다. 아이들도 버스에 타지 않고 길가에 서 있다. 빨리 오라고 손끼지 흔든다. 전엔 없던 짓이다. 뭔 날이람? 입을 삐죽이며 달려간다.

"아저씨 미안해요."

우선은 기사 아저씨께 인사를 한다. 언제나 싱그럽게 웃는 아저씨는 손사래를 친다. 괜찮다는 뜻이다. 아니? 그런데 나보다 더 늦은 아이도 있네? 휘어진 밭두렁을 달려오는, 틀림없다. 준철이다. 그렇다면? 내가 아니었다. 아이들이 손을 저은 이유는 준철이 때문이었다. 그럼 그렇지. 좋다 말았다.

"야. 차, 안타?"

곁에 선 은결이의 정강이를 툭, 찼다.

"무슨 여지에기 발길질이냐? 축구선수야?"

은결이가 버럭 성질을 낸다.

"킥킥."

아이들이 웃음을 터트린다. 나도 따라 웃었다. 은결이는 축구를 잘한다. 모든 말에 꼭, 축구를 억지로 가져다 붙인다.

"헉헉. 미안, 미안, 할아버지 일을 도와드리느라 늦었어."

• 1954년 경남 산청 출생. 경남진주 거주.
• 《문학사랑》 신인작품상 수상. 경남신문 신춘문예 동화당선. 제24회 한국인터넷문학상 수상. 제34회 근로자 문학제 은상 수상. 2002년 글동네 문학상 대상수상.
• 한국문인협회. 경남아동문학회. 한밭아동문학회 회원.
• 대한사이버문학회 회원, 문학사랑 회원.
• Tel : 010-4800-1623 / E-mail : cis1623@hanmail.net

씨근덕대며 준철이가 버스에 탄다. 준철이는 은결이의 축구처럼 야구 이야기를 입에 달고 산다. 이런 촌 학교엔 어울리지 않는 상당한 야구 지식도 가지고 있다. 준철이는 다복솔이 무성한 작은 산을 넘어 과수원이 많은 마을에 산다. 거기까진 학교 버스가 가지 않아 멀지만 달려서 온다.

"넌 왜 윗마을서 안타고 이리로 오냐?"

도랑만 건너면 윗마을이고 거긴 학교차가 온다. 준철이는 한참이나 더 먼 이곳으로 온다.

"너들이 좋아서 그래. 이렇게 아침 인사도 하고 안 그래? 지은아"

묻기는 내가 했는데, 옆자리 지은이에게 답을 하는 준철이가 밉다. 준철이는 5학년 가을에 전학을 왔다. 그때는 다른 반이어서 전학 온 이유를 몰랐다. 6학년이 되며 한 반이 되자 아이들 관심이 준철이에게 몰려갔다. 훤칠하게 크고 말도 잘하고, 공부도 선두에 들어 나 말고도 다른 여학생들한테 인기 최고다. 그런데 아무도 준철이가 사는 집을 모른다. 하교 길엔 언제나 혼자 산을 넘어가기 때문이다. 유명업체는 분명하지만 낡아 색 바래진 옷을 입고 다니며 용돈도 별로 없는 걸 보아 집안이 그리 넉넉하진 않지 싶은데도 늘 문방구 앞에서 기웃거린다. 야구방망이를 만지작거리는걸. 몇 번 보았다. 궁금증이 도지면 참지 못하는 버릇이 내게 있다. 한번 생각하면 거기에 몰두해져서 공부도 무엇도 아무것도 안 된다. 수업이 끝나기 바쁘게 준철이가 다니는 산으로 달려갔다. 오늘은 어떠하든 준철이의 뒤를 밟아 궁금증을 캐낼 작정이다. 산을 넘어가자 복숭아 과수원이 나왔다. 우리 마을 아이들은 여기엔 얼씬도 안 한다. 작년 한 아이가 복숭아를 따다 들켰다. 주인인 할아버지는 경찰에 도둑으로 고발하였다. 아이의 부모는 그때까지 없어진 복숭아 값을 전부 내고서야 해결을 보았다. 꼽꼽쟁이 할아버지라고 마을 어른들은 흉을 본다. 복숭아밭 곁에도 가지마라며 아이들을 챙긴다. 그때처럼 잘 익은 복숭아가 한창이다. 찢어진 철조망 사이로 떨어진 복숭아가 보인다. 줍고 싶은 마음이 쏴 하게 밀려온다.

"난 네가 좋아하는 일이라면 뭐든지 할 수 있어."

아래쪽에서 노랫소리가 들려온다. 아주 오래된 노래다. 준철이다. 준철이는 가끔 어른들 노래인 저 노래를 부른다. 외인구단이란 영화를 스마트폰으로 내려 받아 보기에 같이 본 적이 있다. 그 안에 저 노래가 들어 있었다. 나만큼 자란 쑥부쟁이 옆으로 몸을 숨겼다. 준철이가 가까이 왔다. 불쑥. 몸을 일으켰다.

"앗! 누구야? 정윤경이잖아? 여기서 뭐 하는 거야."

웬만한 일엔 눈썹 하나 까딱 안 하는 준철이다. 그런데 풀숲에서 내가 벌떡 일어나자 많이 놀랐나보다 주춤거리며 빨갛게 복숭아처럼 얼굴이 익어온다.

"들켰네. 헤헤. 복숭아 하나 따 먹으려다. 난 또 주인인 줄 알고."

준철이 뒤를 밟으려고 했는데 나도 모르게 나를 나타냈다. 생각지도 않은 거짓말까지 한다.

"사람 놀라게 하는데 뭐 있어요."

준철이는 싫지 않은 웃음을 짓는다. 별일 없다는 듯 앞서서 간다.

"야. 같이 가."

어디까지 같이 가자는 지 요량도 없이 말을 던졌다.

"참. 너 복숭아 먹으려 했다지? 내가 따주랴?"

뒤돌아보던 준철이는 내 답도 안 듣고 터진 철조망 사이로 복숭아밭에 들어가 나무로 올라간다.

"주인 몰래 따면 도둑이야. 그만둬."

"어때? 잘 익은 과일을 보면 나라님도 그냥 못 간다는데. 저 복숭아, 걱정하지 마. 내 것이나 다름없어."

볕이 따갑게 내리쬔다. 나는 나무그림자 쪽으로 몸을 옮겼다.

"앗! 주인이다."

바스락 소리에 고개를 돌려보니 채양이 짧은 야구 모자를 쓴 사람이 복숭아밭 가운데로 내려오고 있다. 얼핏 보아도 나이든 티가 난다. 한 번도 본 적은 없지만 꼽꼽쟁이 할아버지가 틀림없다. 짧은 내 비명을 할아버지가 들었다. 나를 보았다. 달려온다. 이것저것 겨를 사이가 없다. 도망가야 한다. 행여 잡히기라도 하면? 복숭아 값이 문제가 아니다. 복숭아 훔치려다 들켰다고 학교에 소문이라도 나면, 나는 쫄딱 망한다.

"야. 너, 거기 안 서?"

할아버지는 소리를 지르며 쫓아온다. 길을 잘못 들었다. 막다른 길이다. 허둥대다 나무뿌리에 발까지 걸렸다. 넘어지는 내게 할아버지의 몸이 덮쳐온다.

"너, 도둑이지? 꼼짝하지 마. 잘 걸렸다."

"아니에요. 할아버지. 그저 구경만 하려고 했어요. 하지만 잘못했어요."

"할아버지? 그래, 이 할아버지 말만 잘 들어라. 그러면 용서하마. 흐흐흐."

할아버지가 두 손으로 내 허리를 잡는다. 숨이 확 막혀온다. 할아버지의 무릎에 내 발이 찍혔다. 내 의지로는 아무것도 할 수가 없다.

"그래, 가만, 가만있어라. 흐흐."

입까지 손으로 막혔다. 숨이 안 쉬어진다. 노란 하늘이 내려온다. 그때다. 어디선가 주먹만 한 돌이 날아왔다.

"퍽."

"으악."

할아버지는 가슴을 움켜쥐며 풀밭으로 나 뒹굴었다. 머리를 무릎 사이에 박고 비명을 질러댄다. 나는 재빠르게 일어났다. 뒤도 돌아보지 않고 아래로 내 달렸다. 헤어진 철조망 사이로 빠져나와 죽을 힘을 다해 달려갔다. 숨이 턱에 차올라 더는 달릴 수 없을 때야 풀밭에 엎어지며 뒤를 돌아보았다. 다행이다. 쫓아오는 사람은 없다. 숨을 돌리자 걱정이 살아난다. 준철이다. 준철이는 어찌 되었을까? 돌은 누가 던졌을까? 걱정은 꼬리에 꼬리를 물며 달려든다. 그런데 이런? 핸드폰이 없다. 과수원에 떨어진 모양이다. 어쩌지? 행여 할아버지가 주워가진 않았을까? 하지만 지금은 아무것도 못 한다. 그냥 터덜거리며 집으로 돌아간다. 개울을 만나 얼굴을 씻고 옷까지 말끔히 털었다. 큰길이 나오고 마을에 들어서자 슬그머니 용기가 찾아왔다. 지나가는 아는 오빠에게 폰을 빌려 내 전화번호를 눌렀다.

"여보세요?"

아니? 저게 누구야? 왜 준철이가 내 전화를 받지? 얼떨결에 전화를 끊었다. 그래도 준철이가 가지고 있어서 다행이다.

"학원도 안 가고 어딜 그렇게 쏘다니니?"

엄마는 학원 안 간 것까지 벌써 다 안다. 그래도 있었던 일을 말할 순 없다. 너무 창피스럽다. 볼을 씰룩거리며 내 방으로 들어갔다. 대단히 골이 나면 표하는 내 버릇이다. 엄마는 아무 말도 하지 않는다.

"윤경이는 밥 먹고 자는 거야?"

아빠 목소리다. 언제 잠들었지? 입은 옷 그대로 침대에 누워있다.

"가만둬요. 윤경이 사춘기잖아요. 오늘 뭐 성난 일이 있었나 봐요."

"그래? 그건 그렇고. 저기 산 너머에 과수원 있잖아."

"꼽꼽쟁이 할아버지네 복숭아밭 말인가요?"

"그래. 뭔 일이 있는지 경찰차하고, 119구급차가 두 대나 왔는데, 꼽꼽쟁이 할아버지 손자 있잖아? 구급차에 실려 가더라고."

복숭아밭? 그럼 준철이를 만난 곳이다. 귀가 번쩍 뜨인다. 119는? 복숭아 주인하고 또 한대는 누가? 준철이는 어찌 되었지? 걱정이 태산이다. 하지만 아무것도 더 이상은 알 수가 없다.

그렇게 뜬눈으로 밤을 새우고 아침이 밝았다. 가방만 챙기고 부리나케 집을 나섰다. 평소보다 일찍 나왔지만 나보다 더 먼저 나온 애들도 많다. 무슨 이야긴지 저들끼리 신나게 속닥거린다.

"볼 필요 없어. 윤경아. 오늘은 준철이 안 와."

언제나처럼 윗마을로 가는 언덕을 바라보는 내게 덕진이가 말한다.

"흥, 남이야."

토라진 척 등을 돌렸다.

"넌 뉴스도 안 보니? 준철이는 병원 중환자실에 있나 보더라."

"뭐야? 준철이가 병원에?"

덕진이는 말하기 싫은 듯 입을 다물었다. 맘대로 하라지? 나도 너와 더는 말하기 싫어. 흥, 코웃음을 치며 먼 길을 바라본다. 학교 버스가 왔다. 덕진이가 먼저 올라간다. 따라 올라서 덕진이 곁에 앉았다.

"이것 봐. 검색창에 준철이가 떴어."

옆자리의 나는 거들떠보지도 않고 앞자리 수진이에게 핸드폰을 내민다.

"준철이가 돌을 던져 사람을 상하게 했나 봐."

"그래. 세상에. 갈비뼈가 두 개나 부러졌어. 멀쩡한 사람을. 경찰서에 가야되나봐."

"준철이는 왜 다쳤지?"

"몰랐어? 준철이는 서울서 야구선수 했잖아. 투수했는데 교통사고로 어깨를 다쳤데. 나을 때까지 할아버지 집에서 학교에 다닌다며 내려왔다지? 어깨를 심하게 다쳐서 어쩌면 영원히 야구를 못하게 될지도 모른대."

"애들아 너희도 조심해."

기사 아저씨가 대화에 거든다.

"그 사람, 갈비뼈 부러진. 나이도 많이 먹었던데. 전자발찌를 찼더란다. 자신은 바람 쐬러 왔다고 한다던데. 뭔 일 저지르려 했는지 누가 아니?"

전자발찌? 그러면 성범죄자다. 소름이 쭉 끼친다. 만약 준철이가 아니었으면? 속이 덜덜 떨려온다. 준철이는 그 사실을 왜 말하지 않았을까? 얼마나 세게 돌을 던졌으면 어깨 근육이 찢어졌을까? 전자발찌 찬 사람은 과수원 주인이 아니면? 이때 깜빡했던 생각들이 우르르 떼거리로 몰려왔다.

"저 복숭아 내 것이나 다름없어."

준철이는 복숭아밭의 주인임을 분명히 말했다. 내가 흘려들어서 몰랐던 사실이다. 엄마와 아빠의 대화에서도 같은 말이 나왔다.

"꼽꼽쟁이 할아버지 손자 있잖아?"

맞아. 복숭아밭 주인은 꼽꼽쟁이 할아버지고 할아버지의 손자는 준철이야. 그러면 준철이 말대로 복숭아밭의 주인은 준철이도 된다는 공식이 나온다. 이제야 뭔가 좀 알 것도 같다. '나쁜 짓을 저지르려 한 거야. 야구모자 할아버지.' 그는 과수원 주인이 아니다. 우연히 나를 보았고, 내가 도둑질하러 온 줄 알고 나쁜 짓을 하려 대든 것이다. 준철이는 그 할아버지가 나쁜 할아버지란 사실을 먼저 알았다. 돌을 던지면 어깨가 더 망가져서 영영 야구를 못하게 될 수도 있는데 나를 구하려 돌을 던졌다. 얼마나 세게 날아왔으면 갈비뼈가 다 으스러졌을까?

"아저씨 세워주세요. 내려야 해요. 빨리요."

버스가 파출소 앞을 지나고 있다. 나는 급하게 소리치며 문가로 나갔다. 자칫하면 사람을 다치게 한 폭행 범으로 준철이가 몰리게 된다. 내가 나서야 한다. 기사 아저씨가 차를 세운다. 문이 열렸다. 부리나케 내려와 파출소로 달려간다. 노란 여름 국화가 줄지어 선 길가로 밋밋하지만 시원한 바람도 따라온다.

구름에 불이 났어요

"할아버지 큰일 났어요. 저것 봐요."

민규는 할아버지 손을 끌어당기며 하늘을 가리킵니다.

"민규야. 무얼 그러니?"

노을에 눈이 부신 할아버지는 손으로 해를 가리며 민규의 손길을 따라갑니다.

"불이 났어요. 저것 봐요. 구름이 새빨갛게 타고 있어요."

민규는 발을 동동 굴리며 무엇이 안타까운지 자꾸 할아버지와 하늘을 번갈아서 바라봅니다. 멀리서 한 무리의 새가 동그라미를 만들며 날아갑니다.

"봐요. 할아버지. 새도 뜨거워서 도망가잖아요."

무슨 말을 해야 하나? 민규의 재촉에도 할아버지는 말이 없습니다. 다섯 살 손자가 대견스러운지 그저 싱글거리기만 합니다.

"할아버지, 119에 왜 신고 안 해요? 불나면 신고해야 하는데."

민규는 진짜 걱정이드나 봅니다. 할아버지의 손을 놓으며 할아버지의 앞을 막아섭니다.

"민규야. 할아버지가 전화기를 안 가져왔어. 그리고 멀리서 불이 났잖아. 우리가 아니라도 누군가가 신고했을 거야. 지금쯤 119는 달려가고 있을걸?"

때마침 할아버지 말에 답이라도 하는 듯 119의 사이렌 소리가 들려옵니다. 누군가에게 신고순위를 빼앗겼다는 느낌에 민규는 시무룩해졌습니다. 고개를 숙이며 자신의 발밑을 바라봅니다. 발끝으로 땅바닥을 뭉그적거리던 민규가 무엇에 놀랐는지 깜짝 놀라 큰소리를 지릅니다.

"으아, 공룡이다. 공룡. 할아버지. 무서워요. 공룡이 나타났어요."

민규는 할아버지 다리춤을 잡으며 뒤로 돌아서 숨는 시늉을 합니다. 할아버지도 같이 놀라 사방을 휘 둥글립니다.

"퐁당."

개구리 한 마리가 민규의 바로 앞에서 훌쩍, 도랑으로 뛰어듭니다. 할아버지는 이제야 알았다는 듯 싱긋 웃음을 흘리며 민규를 번쩍 들어 안았습니다.

"우리 민규가 많이 놀랐구나, 그런데 어쩌지? 민규야. 저건, 공룡이 아니고 개구리거든? 민규도 그림책에서 본 적이 있지? 개굴개굴 하고 우는 개구리 말이야. 공룡은 우리 민규보다도 한참이나 더 큰걸?"

민규는 눈을 동그랗게 키우고 고개를 흔들며 할아버지의 목을 끌어안습니다.

"아닌데요? 할아버지 저건요. 케라톱이에요. 작은 공룡 케라톱요."

"케라톱? 그런 공룡이 있나? 어디서 배웠어?"

"음. 삼촌이요. 개구리 닮은 공룡이 있다고 했어요. 틀림없어요. 저 공룡 케라톱도 불이 나서 무서워 도망가는 거예요."

그사이에 검은 구름이 달려와 해를 가렸습니다. 빨간 노을도 구름 속에 묻혔습니다.

"할아버지 구름에 붙은 불이 다 꺼졌어요. 소방관 아저씨들이 껐나 봐요."

"그래. 이젠 케라톱인가 하는 공룡도 나오면 되겠네. 불도 껐으니 허허허."

할아버지는 너털웃음을 지으며 민규를 내려놓습니다. 민규는 할아버지를 밀치며 혀를 날름댑니다.

"메롱. 할아버지. 속았죠? 공룡이 어디 있어요? 저건 개구리예요. 개구리. 공룡은 그림책 속에만 사는 걸요? 헤헤"

민규는 까르르, 천진스런 웃음을 터트리며 풀밭을 뛰어갑니다. 할아버지도 까르르, 따라 웃으며 민규를 따라갑니다. 저녁 바람이 기분 좋게 불어옵니다.

콩트

정이식 이무기가 된 드므실 동자유 외 1편

콩트
정이식

이무기가 된 드므실 동자유

하늘이 낮게 내려오더니 저녁부터 비가 실실 뿌리기 시작했습니다. 이런 날이면 당연히 대포 생각이 꿀꿀하게 나지요. 퇴근길 몇 군데 전화를 넣었는데 선약을 핑계로 모두가 노, 합니다. 혼자선 못 마시겠고 혹시나 눈에 뜨이는 누가 없을까 이리저리 눈길을 던지며 걷습니다,

"세이야. 식이 세이 아닌교?"

두드리면 열리리라, 결국 구세주는 뒤에서 나타났습니다. 반가움에 휙, 돌아보니. 아하, 구세주가 아니라 모두가 보면 피하는 물귀신. 아니 동자였습니다. 한때는 만나는 사람마다 물고 늘어져 물귀신이라 불렸지만 최근엔 귀신 씻나락 까먹는 소리를 잘한다고 별명이 동지 또는 동지유리 불리는 서너 살 적은 후배입니다.

"누고? 니 동자 아이가?"

아는 척은 해놓고 이내 후회를 했습니다. 저놈 동자에게 잡히면 살아날 재주는 누구도 없습니다. 돈이 떨어지든지 술에 떨어지든지 둘 중 하나가 생길 때까지 끌려 다녀야 합니다. 하지만 때는 늦으리. 이제 돌아서기는 글렀습니다.

• 1954년 경남 산청 출생. 경남진주 거주.
• 《문학사랑》 신인작품상 수상. 경남신문 신춘문예 동화당선. 제24회 한국인터넷문학상 수상. 제34회 근로자 문학제 은상 수상. 2002년 글동네 문학상 대상수상.
• 한국문인협회. 경남아동문학회. 한밭아동문학회 회원.
• 대한사이버문학회 회원, 문학사랑 회원.
• Tel : 010-4800-1623 / E-mail : cis1623@hanmail.net

"야. 세이야, 살아있네? 얼마 만이고? 술 한 잔 사라요."

다짜고짜 나오는 말이 술 사라 입니다. 얼굴이 붉은 걸 보니 동자의 술시는 밤 11시가 분명합니다. 술이 안 취하면 그래도 예전의 상사인데 함부로 술 사란 말은 하지 않습니다. 없어도 자기가 산다고 덤비긴 해도요. 어쨌든 그놈의 정이 무언지 동자가 있는 구멍가게 앞의 평상으로 다가갔습니다.

"식이 세이야, 우찌 사노?"

사돈 남 말 하고 있지. 넌 우찌 사냐고 대꾸하려다 그만두었습니다.

동자와 나 사이엔 저기 진양호 물보다 더 많은 이야기가 있습니다. 잠시 주마등을 밝혀 20년 전으로 돌아 가보겠습니다.

내가 건설공사장에서 반장을 할 때 동자는 잡부로 내 영역에 들어왔습니다. 머리도 좋고 일도 또 열심히 해서, 어쩌다 술 사고가 있어도 나는 묵인하고 데리고 썼습니다. 동거 한 지 3개월 되었나요? 도로의 한쪽을 차단하고 공사를 진행하는데 신호를 하던 동자가 택시기사와 싸움을 한다는 무전이 날아왔습니다. 급하게 달려가니 동자는 자기보다 덩치가 더 큰 택시기사와 입씨름을 하고 있었습니다.

"반장님요. 보소, 이놈아가 글씨요. 내 참 저 배라먹을 놈이."

동자는 씩씩대며 그간의 상황을 내게 설명했습니다. 정지신호를 넣었는데도 택시가 무시하고 공사장 안으로 들어왔다는 겁니다. 조용히 타일렀으면 돌아갔을 택시인데 보나 마나 뻔합니다. 대놓고 욕부터 해대니 누군들 화가 안 나겠습니까.

"뭣이라? 야가 맛을 못 봤구나. 니. 내가 눈줄 아나?"

택시기사는, 반장이고 나발이고 누가 와도 안 죽는다며 허공에 주먹을 휘둘러댑니다.

"눈줄 아느냐고? 니가 누고? 남강에 피라미만도 못한 놈이."

동자는 코웃음을 쳤습니다. 택시기사는 기가 찬다는 듯, 동자에게 다가서며 큰소리를 지릅니다.

"내 말 듣고 자빠지지 말거래이. 내가 그 유명한 유곡동 휘발유다."

"아나. 그래? 휘발유? 유곡동휘발유? 나는 말이다. 나는, 동자유다. 드므실 동자유. 어쩔래?"

"동자유? 건 뭔 기름이고? 처음 듣는데."

"꼬멩이 차 기사가 뭘 알겠노? 드므실 동자유를 네가 알 턱이 없지."

"동자유고 지랄유고, 하여간 너, 손 좀 봐야겠다. 따라온나."

기사는 동자의 손목을 사정없이 움켜쥐더니 맞은편 농협창고로 끌고 가려 했습니다. 내가 말리기도 전에 일의 처리는 동자가 했습니다.

"그래. 말 다했나? 유곡동 휘발유야. 너. 후회하기 없기다. 오늘 동자 몸 좀 풀어보자. 반장님요. 그라고 느그들 절대 따라오지 마라. 곡소리 나더라도 오지 말란 말이다. 알았나요."

동자는 손을 뿌리치며 자신이 앞서서 창고 뒤로 갔습니다.

"반장님. 우짭니까. 가서 말릴가요?"

"놔둬라. 저놈 동자 성질 잘 안다 아이가."

고함이 난무할 줄 알았던 창고 뒤는 오히려 적막에 싸였습니다. 커피 한 잔 마실만한 시간이 흐른 뒤 동자가 먼저 모습을 보이고 뒤따라 택시기사도 나왔습니다. 그런데 두 사람의 행색엔 아니, 복장이나 어디에도 싸움한 흔적이 안 보이는 겁니다. 한술 더 떠 동자는 택시기사 앞에서 거드름을 피웠습니다.

"봐라. 유곡동 휘발유. 빨리 가라. 돈 벌어야제. 앞으로 조심하구."

"예. 드므실 동자유님. 죄송했심더. 잘 계시이소."

택시기사는 머리를 크게 숙이곤 택시를 몰고 왱, 사라졌습니다.

"우찌 된 겁니까? 기사 덩치가 더 큰데. 머리까지나."

같은 동료의 물음에 동자는 어깨를 으쓱였습니다.

"내가 누고? 한주먹거리도 안 되는 놈이 뭐, 휘발유? 라이타불 긋기 전에 사과하라 안 캤나. 멱살을 잡으니 꼼짝도 못하는 기라. 하하하."

믿을 수 없다는 표정을 짓는 주위를 보며 나는 빙그레 웃음을 지었습니다. 훗날 술자리에서 고백을 들었지만, 그날의 현장은 내 생각과 조금도 다르지 않았습니다. 요약하면 이렇습니다.

동자는 창고 뒤로 돌아가기 무섭게 꼬리를 말았습니다.

"형님요. 휘발유 형님요. 지가 잘못했심더."

한바탕 일을 치를 것으로 생각한 기사는 어리둥절했습니다.

"뭐꼬? 뭔 말이고? 빨리 말해봐라."

"지가 말입니더. 부반장인데예. 야들 보는데 체면도 있고 해서. 여 까지 왔십니더. 그냥 없던 걸로 하고 우리 돌아갑시더."

"없던 걸로? 니 동자유라메? 또라이 아니가. 우찌 없던일로 하네? 대기료라도 주면 모를까."

"대기료요? 지가 드릴게요. 한 시간 얼맙니꺼."

"진짜가? 그러면 2만 원 내라. 내 눈감아 줄게."

"너무 비쌉니더. 만원 안 될까예."

"안 된다. 2만 원 주던지. 아니면 2만 원어치 맞던지 택일해라."

잠시 생각하던 동자는 입술을 질끈 깨물었습니다.

"좋심더. 그럼 내 2만 원 줄 테니 내 시키는 대로 좀 해주이소."

이렇게 해서 택시기사 유곡동 휘발유는 편안하게 2만 원을 번 것입니다. 나중 알았지만, 택시기사들 사이에서 유곡동 휘발유는 성질머리 못되기로 꽤나 이름이 자자한 친구였습니다. 그러면 동자유는 또 무슨 기름이냐고요? 그런 기름은 당연히 없습니다. 원래 손금을 좀 볼 줄 알아서 주변에서 동자란 별명을 붙여주었는데 상대가 휘발유라 하니 얼떨결에 내뱉은 별명이 동자유가 된 것이고 드므실은 그 당시 동자가 살고 있던 마을 이름입니다. 그 후로 동자는 동자유로도 불리었습니다.

끈질긴 녀석과의 이런 인연은 한참이나 죽 이어지다 내가 직장을 접으며 끝나게 되었습니다. 그 후 20년이 지나서 동자를 다시 만난 겁니다. 그간 전혀 못 본 건 아니고요. 워낙 술버릇이 나빠서 동자를 보면 먼저 자리를 피했기에 이렇게 맞닥뜨리긴 그래서 헤어지곤 처음입니다. 뭐 오늘이라고 고놈 술버릇 어디 가랴만 여차하면 달아날 생각을 하며 길 쪽 평상의 귀퉁이에 엉덩이를 디밀었습니다. 평상엔 먼저 온 손님이 있었습니다. 알 카포네처럼 머리에 기름을 발라 뒤로 빗어 넘긴, 덩치가 큰 젊은이 둘이서 맥주를 마시며 고함에 가까운 대화를 나누고 있었습니다. 민망스런 욕설이 난무하는, 막사발을 머리에 뒤집어씌워 놓고 이발기를 들이댄 것 같은 머리가 조폭들의 모습과 닮은 걸 보니 덩치들은 깍두기가 분명하였습니다. 동자는 겁도 없이 깍두기에게 말을, 아니 시비를 걸었습니다.

"보소 야? 젊은 친구, 여기 우리 세이가 앉을 자리가 없다 아이가, 평상 전세 낸 것도 아닌데 탁주 묵는다고 괄시 말고 쪼깨 비켜 주라."

몸은 작아도 패기는 남 못잖은 동자의 말투는 함부로 삐딱하게 나왔습니다.

"자리 없으면 딴 데 가면 될 것이지 웬 시비는?"

깍두기는 눈을 꼬나 떴지만, 원체 자신보다 나이가 많음을 느꼈음인지 엉덩이를 잠시 들썩여 쥐꼬리만큼의 자리를 내어놓았습니다.

"고마해라. 난 되었다. 여서 설주로 한잔하고 가자."

잘못하면 예전의 동자유 위력이 나올 것 같아 지레 겁을 먹은 나는 빨리 한 잔 마시고 자리를 뜨려 하였습니다. 동자가 내 뜻을 모를 리 없지요. 내게 눈을 찡그린 뒤 젊은 깍두기에게 한바탕 해대었습니다.

"봐라봐라, 야들아, 어른을 무시해도 분수가 있지. 너들 그럴끼가? 내가 누군지 알면 진짜 재미없을 건데."

오징어를 질근 거리던 깍두기도 지지 않고 대들었습니다.

"누군데? 당신이 누요? 내 할배라도 되나 엉?"

"이 봐라, 한번 해보자 이기가? 당신이 누요? 그래 말 잘나왔다. 봐라. 내가 그 유명한 동자유다. 드므실 동자유."

동자는 참 작았습니다. 덩치는 좀 있는 편이지만 워낙 작아서 웬만한 사람들이 겁을 먹을 그런 용모는 아니었습니다. 그러나 배짱은 누구에게도 지지 않는 녀석이지요. 평상 귀퉁이에 끼이려던 엉덩이를 빼내며 벌떡 일어서더니 옷소매를 어깨선까지 드르륵, 말아 올렸습니다. 이때에는 큰 구경거리라도 생긴 듯 멀찌감치 서서 구경하는 행인들이 여럿 있었습니다. 다 아는 동네 이웃들이었지요. 이들과 나는 동자의 다음 수법을 잘 알고 있었습니다. 시퍼런 용이 팔뚝을 기어오르는 문신이 양 팔목에서부터 어깨의 근육까지 촘촘히 새겨져 있는, 녀석은 저 문신 때문에 5공 때에는 삼청교육대까지 갔다 왔습니다. 툭. 하면 팔뚝을 걷어 올려 남에게 겁을 주려는 저놈의 행태는 20년이 지나도 변하지 않았습니다. 보통은 녀석의 공갈이 더러워 상대안하고 물러서는데 오늘의 깍두기는 어쩐 일인지 꿈쩍도 안 했습니다. 오히려 반격하려는지 이봉걸이 만큼 큰 덩치의 깍두기가 입가에 냉소를 흘리며 일어섰습니다.

"뭐라. 동자유? 그기 무신 씻나락 까먹는 기름이고?"

깍두기의 솥뚜껑 같은 저 주먹이 한 방 터지면 동자는 졸도에 이를 것 같은 불안한 기운에 나는 싸움을 말리려 덩달아 일어섰습니다. 그런데 일어선 깍두기는 솥뚜껑은 날리지 않고 웃옷을 훌렁 벗으며 태평양 바다보다 더 넓은 등을 동자의 코앞에 보란 듯이 들이밀었습니다. 아! 동자는 물론 나도, 또 구경하던 행인도, 모두 깜짝 놀라 입을 다물지 못하는 기괴한 일이 벌어졌습니다. 거기엔, 덩치 큰 깍두기의 등엔, 문무왕의 대왕암에나 살지 싶은 여의주를 입에 문 커다란 용이, 그것도 두 마리씩이나, 발톱을 곧추세우고 붉은 불빛을 온몸에 받으며 동자의, 이제는 뱀장어만 한 이무기를 노려보고 있는 게 아닙니까? 어떻게 웃지도, 그렇다고 울 수도 없는 이 기상천외한 쇼에 도망치려던 내 생각도 일시에 정지되었습니다.

"세이요, 고마 갑시더, 이거 쪽팔려서 어디 살겠나?"

그래도 이런 물엔 도가 트인 동자는 발을 빼는데도 빨랐습니다. 자신의 이무기로는 감당 못 할 것이기에 패잔병의 낡은 웃음을 실실 흘리며 돌아서서 내 옷깃을 잡는 동자를 따돌리고, 나는 집으로 내 달렸습니다. 만나서는 안 될 우리의 운명을 거스른 죗값은 톡톡히 받은 셈이지요? 하지만 말입니다. 작은 키에, 말총머리에, 더운 여름에도 긴소매 셔츠를 입고 다니는, 수틀리면 팔을 걷어 이무기로 위협을 주는, 자타가 유명하다는 동자유는 생각해보면 심성이 아주 곱습니다. 그로 인하여 술값은 더러 뜯길지언정 신체적 피해를 본 사람은 아무도 없기 때문입니다.

노란 손수건

"끙끙."

목줄을 바싹 움켜쥐었지 싶은데 동신이네 누렁개 메리는 앓는 소리를 한다. 다독거리지 않아 짓기라도 한다면 밤새 기획한 모의는 수포가 된다. 혹시 해서 내가 끌고 온 잡종 개 독끄의 머리를 끌어안으며 동신이에게 주의를 주었다.

"목덜미를 긁어줘. 그럼 조용할 거야."

어둠은 동트기 직전이 최고다. 농활 학생들 천막을 습격하기엔 그래서 지금이 적격이다.

"가자."

전장에 나서는 군인처럼 허리를 깊이 숙이며 앞으로 나아갔다. 하늘은 내 편이라 바람조차 앞에서 온다. 풀벌레도 잠자나 보다. 말 그대로 쥐죽은 듯 조용하다. 어두운 하늘을 올려다본다. 엊저녁 붙은 화불이 스크린처럼 펼쳐진다.

"뭐야? 정임이가 주범이야? 내 참 기가 막혀서."

해 질 무렵만 해도 걱정하지 않던 모임이었다. 선배로부터 4H 회장을 물려받고 두 번째로 가지는 월례회였다. 꼬맹이 녀석들 셋만 모인 썰렁한 마당에서 나는 총무인 동신이를 들볶았다.

"정임이가 더 문제야. 하기야 농활 대장에겐 반할 만 하더라."

모깃불 아린 연기에 눈물을 찔끔거리는 나로부터 지겟작대기를 빼앗아 동신이는 쑥부쟁이를 뒤집었다. 동신이 말이 끝나기도 전에 꼬맹이들이 뭘 안다고? 한마디씩 거드는데 이게 또 가관이었다.

"정임이 누나가 탈이야. 우리 누나도 대학생한테 데려갔어."

"정임이 누나가 대학생하고 새마을다리에 밤늦도록 있는 걸 내가 보았거든?"

귀를 틀어막고 싶었다, 정임이 흉은 듣기 싫었다. 그러나 그 말들이 허실은 아니었다. 나도 언젠가 샛강 가 미루나무 밑을, 그것도 해가 다 졌는데도 대학생과 거니는 정임이를 보았었다. 여고 2학년이지만 멋을 부린 정임이의 그날 모습은 어엿한 처녀였다.

"그만, 그만 떠들어 이 자식들아, 회의는 하지 않는다, 모두 돌아가고 총무만 남아."

성질이 머리끝까지 차고 올라왔다. 일어서며 모락모락 피어오르는 모깃불을 냅다 발로 찔렀다. '후루룩.' 불기를 머금은 불꽃들이 사방으로 날아갔다.

"야야, 소방관, 소방관."

내 눈치를 보며 동신이가 소리쳤다. 서슬에 놀라 달아나던 꼬맹이 부원들이 바지춤을 내리며 주춤주춤 다가왔다. 비실비실 타오르는 불꽃을 향해 찐한 오줌을 갈겨댔다. 뭉클, 연기가 솟아오르며 지린내가 확, 코끝에 닿았다. 와중에도 빙긋한 웃음이 나왔다. 꼬맹이들에게 어서 가라며 손을 젓고는 동신이와 마을회관으로 정임이를 찾아갔다. 여러 개의 남폿불이 밝혀진 회관 안의 열기는 낮처럼 후끈거렸다, 모인 사람들도 더운지 연신 손을 펴서 부채질하고 있었다. 그래도 눈빛들은 진지하여 그에 비례한 내 불쾌감이 용광로처럼 끓어올랐다. 열정적 몸짓으로 웅변을 토로하는 연단 위의 농활대장인 대학생과는 동네 처음 왔을 때 협조를 구한다며 나를 찾아와 인사를 나눈 적이 있었다. 하지만 나는 그의 청을 들어주지 않았다. 정임이 때문이었다. 그가 온 뒤로 정임이는 그와 거의 붙어 지냈다.

열심히 괘도를 넘기며 그가 필요한 자료를 꼼꼼히 챙겨주는 정임이는 내가 창가에 있음을 의식 했음에도 거들떠보지도 않았다. 가자며 동신이의 정강이를 걷어차고 돌아서 오는 내 가슴엔, 아무 연도 없는 대학생에게로의 복수심으로 심하게 끓어올랐다. '어디 두고 보자.' 이를 악물며 그곳을 떠나왔다. 착한 동신이는 군말 않고 따라온다. 그렇게 더듬거리듯 다복솔밭을 지나자 너른 구릉지에 봉긋 솟은 두 개의 천막이 나타났다.

"쉿"

누런 이빨을 드러내며 크르렁 거리는 메리의 주둥이를 감싸 쥐었다. 조심스레 허리춤에 차고 온 조선낫을 뽑았다. 잠 안 자며 숫돌에 간 덕인지 반쯤 부러진 조선낫의 날이 어둠 속에서도 시퍼렇게 번득거렸다. 학생들은 곤히 잠을 잔다. 관찰한 바로는 천막의 남폿불은 자정이 막 지나자 꺼졌다. 업어 가도 모를 판이다.

"정임이를 뺏어간 복수다. 맛 좀 봐라."

천막 지지대에 묶여있는 줄을 '싹둑' 잘랐다. 이어 개의 목줄에 잘린 끈을 묶었다. '끄릉' 또 메리다. 주둥일 감싸 쥐고 있건만 트림을 해 댄다. 다행히 천막안의 누구도 기척이 없다. 개의 목줄에 잘린 끈을 이었다. 이제 돌아서며 엉덩짝을 냅다 지르기만 하면 끝이다. 천막은 얇은 모기장처럼 생겼다. 똥개라지만 클 만큼 큰 개는 힘이 좋다. 뭣도 모르고 주인을 따라 달려올 것이다. 목줄에 메인 천막을 끌고서. 잠자다 천장이 벗겨지는 대형 사고를 당하는 학생들은 흉측한 개의 울부짖음과 함께 살아서 지옥을 맛보게 될 것이다. 그리곤 놀라 그 자리서 당장 짐을 쌀 일은 보지 않아도 자명하다. 그들은 지식인이라 지금 떠나지 않으면 이보다 더한 테러가 기다리고 있음을 분명히 알 것이다. 누구의 소행인지도 머리 좋은 그들은 금방 눈치를 채겠지만, 그런 것들은 내게 아무런 문젯거리가 아니었다. 설령 뱃심이 있어 떠나지 않는다면 나는 더 강한 비법을 쓸 참이었다.

동녘은 안개가 서서히 걷히며 붉게 물들어왔다. 심호흡을 크게 하고 개 목줄을 잡고 있는 동신이의 등을 토닥이며 천막 안에서도 들릴 수 있도록 큰 소리로 구령을 세었다.

"하나둘 셋. 얏."

동신이와 같이 두 마리 개의 엉덩짝을 냅다 지르고 내리뛰었다.

"크르릉. 왈왈"

주인에게 맞은 이유를 개들은 모른다. 그래도 충견인지라 무조건 크게 짖으며 뛰어왔다. 예상처럼 천막은 벗겨지지 않았다. 한참을 달려가자 개의 짖음도 멀어졌다. 작은 모래언덕에 엎어지며 뒤를 돌아보았다. 뭉그러진 천막 안에서 머리를 치밀고 있는 개가 보였다. 새벽공기를 가로지르는 날카로운 여학생의 비명이 두 마리 개의 울부짖음과 함께 지옥을 연출 하고 있었다. 희미하지만 탈옥하는 학생의 모습도 보였다. 어디론지 생각도 없이 학생들은 마구 달려갔다. 하지만 천막만 걷어질 줄 알았던 내 생각은 오판으로 끝났다. 깔판과 이어진 천막의 특성을 모른 탓이었다. 개가 달리며 천막은 넘어졌다. 당연히 그 천막 안으로 개는 휩쓸리며 들어갔다. 저처럼 개와 함께 학생들이 뒹굴 줄은 솔직히 꿈에도 생각 못 하였다. 덜컥, 겁이 났다. 개를 데리러 동신이가 달려갔다. 그 사이에 어디로 도망갔는지 학생들은 한 명도 안 보였다. 찢어진 천막 사이로 고개를 내민 개만 그래도 주인이라고 꼬리를 흔들며 반겨주었다.

새벽의 혼란을 아는 듯 모르는 듯 아침은 늘 그렇게 멀뚱거리며 둥근 해를 밀고 나왔다. 바쁜 농촌 일이란 모자란 잠을 자게끔 허용을 안 하였다. 잠 한숨 못 자고 퉁퉁 불은 눈으로 예약된 품앗이 일을 나갔다. 저녁 해가 여우 골을 넘어서야 집으로 돌아왔다. 마을에 들어서자 총알처럼 동신이가 뛰어왔다. 서울 학생들이 새벽에 소문도 없이 사라졌다고 한다. 계획대로 일은 되었지만, 왠지 마음은 씁쓸하였다. 댓돌 위에서 신발을 벗는 데 정임이가 식식대며 찾아왔다.

"섭이오빠, 진짜 실망 시킨다. 응? 그나마 있던 오빠하고의 조그만 끄나풀까지 스스로 잘라 버리는구나?"

얼굴이 빨갛게 달아올랐다. 난장판이 된 농활 학생들의 잠자리가 누구 탓인지 다 알고 온 표정이었다. 정임이 앞에서 나는 언제나 순한 토끼였다. 말도 못하고 두 손이 어디로 가야 할지 허둥대며 겨우 모깃소리만 한 변명을 흘려냈다.

"그, 그게 말이야. 정임아 그게."

정임이는 가차 없이 내 말의 허리를 잘랐다.

"정임이 살아있는 동안에는 만날 생각하지 마. 죽어도 오빠하곤 말도 안 할 거야."

고개를 획 젖히며 돌아서는 정임이의 머릿결에서 비릿한 노란 꽃향이 풍겼다. 여름이면 수없이 피는 노란 꽃이었다. 어머니를 일찍 여읜 정임이만 가지고 있는 독특한 향이었다. 어머니의 취미를 따라 노란색이면 무엇이나 정임이는 좋아하였다. 다랑논 오르는 길에도 억척으로 피어있는 노란 꽃이었다. 정임이네 논을 대신 보아주던 내게 틈만 나면 정임이는 새참을 이고 나왔다. 삶은 감자야 옥수수야. 거기에 걸쭉한 농주까지, 함지 빈 틈새로 노란 꽃들은 북새통이었다. 코끝에 꽃을 들이밀면 까무룩 숨이 멎을 것처럼 진한 향내가 솟아올랐었다. 도도하게 돌아서 가는 정임이가 사라져 보이지 않을 때까지도 정임이의 향기는 내 곁에서 맴돌았다. 뒷날부터 정임이는 표가 나도록 나를 피했다. 어쩌다 마주쳐도 아는 척도 하지 않았다. 괜스런 짓을 했다는 후회를 수도 없이 하였다. 그렇게 여름은 후회 속에 지나가 버렸다.

구절초 하얀 꽃잎이 비스듬히 내리는 햇살을 받으며 유난스레 반짝이던 날 아침, 우리 가족은 읍내로 향하는 버스에 올랐다. 고향으로의 귀환을 꿈꾸던 어머니의 노력이 이뤄지는 날이었다. 마을 사람들이 이별을 아쉬워하며 배웅을 나왔다. 행여나 하고 정임이를 찾았지만, 그림자도 비치지 않았다. 시큼한 기름 냄새를 뿜으며 버스가 출발하였다. 눈물이 확, 쏟아졌다. 큰 파도가 일듯 가슴이 울렁거렸다. 이삿날을 받아 놓고도 한 번도 나는 정임이를 찾지 않았다. 용기가 없어서였다. 엄청난 후회가 그제야 밀려왔다. 버스가 길 모퉁이를 돌아서자 구부러진 다랑논 위의 우뚝 선 너도밤나무가 보였다.

"동네 사람들아. 바보탱이 섭이 오빠야 하고 이쁜 정임이가 연애한 다아."

물 논에 넘어져 옷이 엉망이 된 정임이를 꼴지게 위에 지고 내려올 때, 손으로 깔때기를 만들며 큰소리로 외치던. 그래서 내 얼굴을 홍당무로 만들던, 지난 일들이 영화 속 스크린처럼 눈앞에 아롱거렸다. 이제 저 다랑논의 두렁풀을 나는 깎을 수 없다. '꺼억꺼억.' 정임이의 표현대로 배고파 우는 매미 소리도 다시는 들을 수 없다. 알 수 없는 눈물이 볼을 타고 흘렀다. 그러고 바라보는 너도밤나무 작은 가지 하나가 별스레 흔들리고 있었다. 손등으로 눈물을 훔치며 다시 보니 그것은 나뭇가지가 아니었다. 누군가가 흔드는 노란색 손수건이었다. 나는 벌떡 일어섰다. 울컥하는 속울음이 목구멍 끝까지 밀려 나왔다.

"정임이야, 정임이가 틀림없어."

정임이가 고등학교에 들어갈 때 나는 노란 손수건을 기념으로 사 주었다. 어쩌면 처음이자 마지막 선물인 셈이었다.

"손수건은 이별의 뜻이 담겨있는데 오빠 나 만나기 싫어?"

"그, 그래? 그럼 도로 물리자."

당황해하는 내가 재미있는지 깔깔거리며 달아나던 정임이의 얼굴이 떠올랐다. 저렇게 노란 손수건을 내게 흔들 수 있는 사람은 이 세상에 정임이 밖엔 없다. 그러나 애석하게도 버스는, 내가 정임이의 실체를 확인할 수 있도록 내버려 두지 않고 길 모퉁이를 돌아나갔다.

단편소설

김태영 복슬이

서혜원 아들의 여자

단편소설
김태영

복슬이

오늘 우리 공장에 새 식구가 들어 왔습니다. 사장님이 장에서 사오신 털이 복슬복슬한 하얀 색의 귀여운 강아지입니다. 아직 걸음걸이조차 엉성한 이 녀석의 모습에 우리 공장식구들은 하나같이 귀여워 죽겠다며 강아지의 머리를 쓰다듬어 주기도 하고 안아주기도 합니다. 사람들 품에 안긴 강아지는 보답이라도 하려는 듯 앙증맞은 혓바닥으로 사람들의 얼굴을 핥아 댑니다. 나는 이 강아지의 이름을 털이 복슬복슬하니까 복슬이라고 지어 주었고 공장 식구들도 좋은 이름이라며 다들 그렇게 부르기로 했습니다. 복슬이는 공장 기숙사의 마루 밑에 목줄에 매어져 보금자리를 틀었고 그 자리는 내 방문 바로 앞이었습니다.

복슬이가 우리 공장에서 첫날을 보내던 날 복슬이는 마루 밑 어둠속에서 밤새 울었습니다. 무엇이 그리도 시려워 저리 슬피 우는 것일까요? 어둠속에 홀로 갇힌 두려움 때문일까요? 아니면 제 어미로부터 홀로 떨어진 서러움 때문일까요? 밤새 낑낑대는 바람에 저 또한 잠을 이루지 못하고 방문을 열고 복슬이 집 앞에 쭈그려 앉았습니다.

어둠 속에서 홀로 울던 복슬이는 인기척이 들리자 꼬리를 살랑살

- 1972년 전북 정읍 출생
- 2002년 게임 잡지 게임피아 넷 마블 게임 라그하임 모험기 연재
- 2012년 다문화가정 이중 언어(몽골어-한국어) 말하기 대회 전국대회 대상, 2016년 계간 한국 창작문학 소설부문 신인상 수상
- 2016년 풍경문학 시화전 참여
- 대한사이버문학회 회원, 현 풍경문학 편집국장 재직 중.
- E-mail : kanggama@hanmail.net

랑 흔들며 내 품으로 파고듭니다. 내 품에 안긴 복슬이는 더 이상 울지도 낑낑거리지도 않습니다. 마치 엄마의 품인 양 편안하게 안기어 하품과 함께 곤한 눈을 감습니다. 품에 안긴 복슬이는 밤이 깊어지고 추위가 더해질수록 내 품에 더욱 파고들어 웅크린 채로 잠이 들었습니다.

나는 마루에 걸터앉아 곤히 잠든 복슬이를 내려놓고 차가운 달빛을 바라봅니다. 온 세상을 두루 비치는 저 달빛은 나의 고향인 몽골의 울란바타르에도 어김없이 비추고 있을 것입니다. 저 하늘에 걸려 있는 달은 무엇을 품었기에 저리도 둥그런 것일까요? 그렇게 한참을 바라보던 내 눈에는 어느덧 한 줄기 눈물이 흘러내립니다. 내가 이 곳 만리타향 한국에 온지도 어느덧 7년이 지났습니다. 한 해만 한 해만 하던 것이 벌써 7년이 되었고 한 살배기 젖먹이 딸은 이제 여덟 살이 되었습니다. 내가 고향을 떠나오기 전 몽골은 혼란에 혼란을 거듭한 끝에 새로운 질서가 정립되어가고 있을 무렵이었습니다. 1990년 페레스트로이카는 공산권의 몰락을 가져왔고 구 소비에트연방의 일원이었던 몽골 또한 그 충격의 여파를 벗어날 수 없었습니다. 소련이라는 거대국가가 무너지면서 강력한 지진 후에 일어나는 여진처럼 주변의 국가들을 차례로 함몰시켰습니다. 공산권의 변방 몽골 또한 그 여진을 피해 갈 수 없었고 4,5년이 지난 1995년에 그 충격은 절정에 이르렀습니다. 끊임없는 데모와 정치적 암살이 하루를 멀다하고 일어났고 민초들의 삶은 그 끝을 알 수 없는 암흑의 구렁텅이 속으로 빨려 들어갔습니다. 이념으로 유지했던 질서는 파괴되었고 물질과 권력이 지배하는 세상으로 변해가고 있었지만 그 흐름을 읽지 못하고 공산주의의 향수에 젖어 있던 사람들은 도태되어 가난한 변방으로 밀려났습니다. 일자리를 구하기는 하늘의 별따기보다 어려웠고 설령 일자리를 얻는다 해도 하루하루 치솟는 물가를 월급만으로 감당한다는 것은 가당치도 않는 일이었습니다. 절망의 사람들이 하나 둘 늘어만 갔고 그 절망의 틈바구니의 끼인 나 또한 자포자기한 심정으로 결혼을 했습니다. 사랑으로 이루어진 결혼이 아니라 현실을 도피하기 위한 결혼이었고 그것은 남자 또한 마찬가지였던 모양이었습니다. 내 남편은 나의 임신소식과 함께 종적을 감추어 버렸고 나는 절망으로 하루하루를 보내다가 딸아이를 낳았습니다. 딸아이가 태어나던 날 아버지는 남편 없이 세상을 어떻게 살 것이냐며, 여자의 몸으로 어찌 홀로 아이를 키울 거냐며 울부짖었고 그 한 맺힌 아버지의 절규는 평생을 내 귀속에 안주한 체, 떠나가지 않는 공명이 되었습니다.

아버지의 말씀처럼 남편 없이 여자의 몸으로 홀로 아이를 키운다는 건 어불성설이었습니다. 하루하루가 견디기 힘든 시련이었고 끼니조차 때우기가 힘든 날들이 계속 되었습니다. 제대로 먹지 못한 탓에 젖은 말라붙었고 젖을 제대로 빨지 못한 딸아이는 언제나 자지러진 울음으로 배고픔을 대신 했습니다. 보다 못한 아버지는 울란바타르 주변에 있는 목장에 가서 말 젖을 얻어 와 딸아이에게 먹였습니다. 일곱 살 터울의 동생은 고등학생이었고 학교를 졸업 하려면 아직 삼년이나 남아 있었습니다. 내 앞에 놓인 미래가 너무나 막막하여 살 길을 찾던 중 생각 난 것이 한국에 가서 일을 하고 있다는 사촌언니였습니다. 나는 관광비자로 한국에 입국했고 외국인 입국에 대해 그다지 까다로운 시절이 아니었기에 아무런 제지 없이 한국에 들어 올 수 있었습니다. 그 때가 I.M.F가 막 끝나갈 무렵인 1998년이었습니다. 그 후 사촌 언니의 소개로 이 가구 공장에 취직하게 되었고 나는 이곳에서 7년 째 일하고 있는 중입니다.

추위에 잠이 깬 복슬이가 또 다시 낑낑거리며 어미를 찾다가 토방마루에 앉아 있는 내 발등에 얼굴을 얹고 초롱초롱한 눈동자로 나를 올려다봅니다.

"너도 엄마가 보고 싶어서 우니?"

나의 물음에 복슬이는 아무런 대답도 없이 그저 내 얼굴을 뚫어져라 바라만 봅니다.

복슬이의 새카만 눈동자 속에 누군가 들어앉았습니다. 그것은 바로 7년 전 내 품에 안겨 먹은 것이 없어 제대로 나오지 않던 젖을 온 힘으로 빨아대던 딸아이의 야윈 얼굴이었습니다. 내가 떠나던 날 내 치마를 붙들고 아직 너무 어려 엉성한 발음으로 말하던 딸아이였습니다.

"에제, 에제, 하샤 야호?(엄마, 엄마, 어디가?)"

"응, 에제 호르땅 보차츠 이르네, 호르땅, 호르땅… (응, 엄마 빨리 돌아올게, 빨리,빨리…)"

끝내 말을 맺지 못한 나는 쉴 새 없이 흐르는 눈물을 훔치며 행여 내 눈물 들킬 새라 공항 안으로 뛰어 들어 갔더랬습니다. 나와 이별한 후 딸아이는 얼마나 많은 날들을 울음으로 지새웠을까요? 말라붙은 빈 젖일지라도 엄마의 젖을 얼마나 빨아보고 싶었을까요? 아이가 걷고 말을 하고 전화기를 들 수 있는 나이가 되고부터는 수화기만 들면 아이의 입에서 맨 먼저 나오는 그 한마디는 언제나 "엄마 언제 와?"였습니다. 그럴 때 마다 나는 1년만, 1년만, 을 녹음기처럼 반복하였고 딸아이가 일곱 살이 될 무렵부터는 딸아이로부터 "언제 와?"라는 말을 더 이상 들을 수 없었습니다. 아마도 엄마가 오기를 스스로 포기했거나 아니면 엄마의 약속이 부질없는 짓이라는 걸 깨달았기 때문 일 것입니다.

한국에서 7년 동안 일을 하면서 많은 일들이 지나갔습니다. 할아버지가 돌아가셨고, 아버지가 돌아가셨고, 삼촌이 돌아가셨고, 또 뭐가 있더라? 하여튼 기억나지 않는 작은 일들까지… 나를 사랑해주던 그 많은 일들이 내 곁에서 사라져 갔고 나는 그들의 그리움의 대상이 되었지만 나는 그들 앞에 갈 수 없었습니다. 할아버지의 임종 소식에도 장례식조차 참석 할 수 없었던 나는! 아버지의 부고에도 그 무덤조차 찾아가 저승길 편히 가시라고 절 한 번 올리지 못한 나는! 보고 싶어 미칠 것 같은 한 살배기 딸아이를 7년 동안 한 번도 품어보지 못한 나는! 나는, 나는, 나는… 불법체류 노동자입니다.

몽골에 있는 우리 집은 이제 더 이상 가난하지 않습니다. 한국에서 7년간의 나의 피땀 어린 노동으로 내 동생은 고등학교를 졸업하고 대학교를 졸업했습니다. 작지만 네 식구가 기거할 소박한 집도 하나 장만 했습니다. 딸아이는 몽골에서 최고의 학교인 사립 러시아 학교에 입학 했습니다. 그럼에도 불구하고 내가 한국을 떠나지 않는 것은 다시 가난해지지 않기 위해서입니다. 내가 처음 입국할 때와 달리 지금은 한국에 입국하기가 하늘의 별따기입니다. 불법체류노동자 단속반에 걸려 본국으로 쫓겨 들어간 노동자들은 다시는 한국에 들어 올 수 가 없습니다. 나 또한 마찬가지입니다. 한국에서 꽃다운 청춘 다 보내고 이제 서른 중반의 나이에 접어들었습니다. 몽골에 들어가서 할 일도 없지만 7년이라는 공백을 감당할 자신 또한 없습니다. 어떻게든 여기서 버티고 딸아이가 대학을 마칠 때까지는 이곳에서 살아남아야 합니다. 그래야 딸아이가 고급학교를 다니고, 우리 식구가 굶지 않고, 내 어머니가 길거리로 쫓겨나지 않고, 또 뭐가 있더라…

나는 복슬이를 개집에 넣어주고 오래된 헌 옷을 꺼내와 복슬이를 덮어 주고 나서야 잠자리에 들었지만 자꾸만 어른거리는 딸아이의 얼굴 때문에 새벽녘에서야 겨우 잠에 들었고 복슬이는 내가 잠이 들 때까지도 혼자 낑낑대며 울어대었습니다.

밤이 지나고 이른 아침에 출근하기 위해서 방문을 나서는데 토방 마루에 가지런히 놓여있던 제 신발 한쪽이 없어졌습니다. 신발을 찾기 위해 마루 밑을 들여다보니 복슬이가 달려와 혼자 지새웠던 밤이 외로웠던지 내 얼굴을 어제처럼 핥아 대었습니다.

"내 신발이 어디 갔지?"

한참을 찾다보니 없어졌던 제 신발 한 쪽을 복슬이 집에서 찾아 내었습니다. 엄마 품이 그리운 복슬이가 내 신발을 위안삼아 품에 안고 잤던 모양입니다. 그 후 복슬이는 무럭무럭 자랐고 잠이 들 때면 꼭 내 신발을 머리맡에 두고 베게 삼아 잠을 청했습니다. 날씨가 아무리 차가워도 복슬이가 제 신발을 품고 자는 바람에 나는 언제나 따뜻한 신발을 신고 출근을 할 수 있었습니다. 나는 그런 복슬이를 볼 때마다 엄마를 애타게 찾았을 내 딸이 생각나 먹을 것이 생기면 복슬이부터 챙겨주었고 복슬이 또한 이런 나를 엄마처럼 따르며 좋아했습니다.

정권이 바뀌고 대통령이 바뀌면서 불법체류노동자에 대한 대대적인 단속이 시작되었습니다. 단속반원들과 불법체류노동자들 사이에 쫓고 쫓기는 숨 막히는 추격전이 매일같이 반복 되었습니다. 쫓는 자와 쫓기는 자, 쫓는 자는 단지 하루의 할당량을 채우면 그만이지만 쫓기는 자는 잡히는 순간, 그 모든 것을 잃는 것이었습니다. 가족들의 생계와 자신을 의지하고 하루를 연명하던 그 모든 삶들이 일순간에 무너지는 것이었습니다. 그것은 마치 호랑이에게 잡힌 토끼는 그 호랑이의 한낱 점심거리일 뿐이지만 그 토끼는 자신의 삶을 통째로 먹히는 것과 같은 이치였습니다.

나의 삶의 터전인 이 곳 포천 가구단지에도 단속반이 매일같이 들이 닥쳤습니다. 절대적 약자인 우리 불법체류노동자들은 핸드폰에 단속반이 떴다는 문구가 뜨면 하나같이 숨기에 바빴습니다. 벽장 속으로, 마루 밑으로, 기계 밑으로, 때로는 개집 속으로 그렇게 살 길을 찾아 몸을 숨긴 체 단속반이 지나가기를 가슴 졸이며 지켜보다가 법무부 버스가 시야에서 사라지고 나서야 안도의 한 숨을 내 쉬곤 했습니다.

여름의 중반 무렵 우리 공장에도 마침내 일이 터졌습니다.

"도망쳐!"

공장직원의 다급한 외침이 허공에 울려 퍼졌고 그 외침 소리와 함께 우리 외국인들은 그야말로 번갯불에 콩 튀겨먹듯이 순식간에 숨을 곳을 찾아 사라졌습니다. 누군가는 부엌 싱크대 속으로, 누군가는 기숙사에 딸린 벽장 속으로, 그렇게 숨어들었고 나 또한 살길을 찾아 마루 밑에 몸을 숨겼습니다. 마루 밑에는 이제는 성견이 되어 한 덩치 하는 복슬이가 여전히 목줄에 매여져 있었고 내가 숨어들자 반가웠는지 그 큰 혓바닥으로 내 얼굴을 마구 핥아 대었습니다. 더운 여름의 열기와 언제 목욕을 시켰는지 모를 복슬이의 찌든 노린내 때문에 당장이라도 이 좁은 마루 밑 구석을 뛰쳐나가고 싶었지만 지금 나갔다가는 그대로 잡혀 일명 닭장차라고 불리는 법무부 버스에 그대로 끌려 갈 것이기에 한 손으로 입을 틀어막고 단속반이 빨리 공장을 떠나가기를 마음속으로 빌 뿐이었습니다. 그렇게 숨 죽여 가며 한참을 복슬이 곁에서 엎드려 있는데 어디선가 여인네의 날카로운 비명소리가 들려 왔습니다.

"꺄아악! 이거 놔. 손 이거, 손 해 놔."

마루 밑 틈으로 바라보니 아뿔싸! 미처 제대로 숨지 못한 애리카가 단속반에 붙들렸고 그녀가 비명을 지르던 말든 냉정한 단속반은 애리카의 손목에 은빛 찬란한 수갑을 채웠습니다. 수갑이 채워지자 애리카의 반항은 이내 잠잠해졌고 단속반을 향해 이제는 반항 대신 애원을 하기 시작합니다. 아직 한국에 입국한 지 여섯 달이 채 안 된 애리카의 입에서는 어눌한 발음 때문에 알아듣기 힘든 한국말과 몽골어가 섞여 나옵니다.

"운헤르! 운헤르! 우리 구거 다. 게르불 다… 구거 나 업뜨믄 우리 구거."

(제발! 제발! 우리 다 죽어. 가족들 다 죽어. 나 없으면 우리 죽어.)

애리카의 애원에도 불구하고 단속반들은 사정없이 애리카를 잡아끌었고 끌려가지 않으려는 애리카는 마침내 땅바닥에 무릎을 꿇고 두 손을 모아 파리가 손바닥을 비비는 것처럼 싹싹 빕니다.

"짜왈르! 운헤르! 우르셔 주세요. 나 몽골 가면 다 구거요. 미니 아우, 에지, 뚜 나르, 운헤르, 운헤르…"

(진짜! 제발! 용서해 주세요. 나 몽골가면 다 죽어요. 내 아버지, 어머니, 동생들… 제발!)

이제는 애원을 넘어선 통곡입니다. 나는 마루 밑에 엎드려 그녀의 알아들을 수 없는 한국말과 몽골어를 통역해 주고 싶지만 절대 나설 수 없습니다. 애리카를 변호 하려다가 나까지 끌려 갈 것이 뻔하기 때문입니다. 불쌍한 애리카는 저처럼 남편에게 버림 받고 두 아들을 홀로 키우기 위해 빚을 내서 한국에 들어온 아이입니다. 한국에 들어오려면 브로커를 고용해야 하고 그 브로커에 대한 비용이 최소 천만 투그룩, 그러니까 한화로 약 팔백만원입니다. 그 팔백만원에 대한 대가는 월 5프로라는 막대한 이자와 매월 5프로의 원리금 변제입니다. 외국에 나가 있으니 안 갚아도 된다고요? 그들도 바보가 아닌 이상 아무런 담보도 없이 돈을 빌려주진 않습니다. 그들의 담보는 바로 가족들이었고 돈을 갚지 못할 경우에는 여자는 창녀촌으로 남자는 강제노동 현장이나 장기밀매 단에게 넘겨져 비참한 최후를 맞아야 합니다. 애리카 또한 그런 부류들에게 빚을 내서 한국에 왔더랬습니다. 이런 영세업체의 월급으로는 그 빚과 이자를 갚는데 꼬박 2년이 걸립니다. 어떻게든 2년을 버텨야 만이 그 빚을 갚고 그 후 최소 2년은 더 버텨야 그런대로 돈을 모을 수 있지만 지금의 애리카는 아직 1년도 채우지 못했습니다. 지금 잡혀 들어가면 애리카가 할 수 있는 일은 딱 두 가지 뿐입니다. 보수조차 받지 못하는 창녀촌에 팔려가 평생을 남자들의 노리개로 살거나 아니면 아이들과 함께 목을 매다는 일뿐입니다. 그렇기에 애리카의 애원은 애원을 넘어선 절규이며 통곡인 것입니다. 통곡하는 애리카의 양

볼에 굵은 눈물 줄기가 흘러내립니다. 애리카가 흘리는 저 눈물은 결코 애리카만의 눈물이 아닙니다. 만리타향 낯 선 곳에서 고향을 그리며 억압과 핍박을 견디는 불법체류노동자들의 눈물입니다.

3,40년 전 이 땅에서 태어나 파독광부로, 파독 간호사로 외화벌이를 나섰던 가난한 나라 대한민국이 흘렸던 그 눈물입니다. 가난에 등 떠밀려 말도 통하지 않는 열사의 땅에 발을 내딛고 낯 선 음식으로 하루를 연명하다, 어느 날 앞에 놓인 김치찌개를 차마 먹지 못하고 목매임으로 통곡하던 어느 한국인이 흘렸던 그 눈물입니다. 연약한 여자의 몸으로 거친 노동을 마다않고 두 아이를 키워내야만 하는 모든 엄마들의 눈물입니다.

"미안 해. 나도 이런 일 하고 싶지 않지만 국가에서 시키는 일이라 어쩔 수 없다. 어떤 놈이 신고 했거든, 신고가 들어오면 한 놈이라도 잡아 가야 해. 아니면 우리가 뒈져."

모자를 눌러 쓴 단속반은 애리카에게 미안하다는 한마디를 내 뱉고는 개 끌듯이 질질 끌고 갑니다. 끌려가지 않으려는 애리카는 발버둥을 쳐 보지만 우악스런 단속반의 힘 앞에 끝내 닭장차 좌석에 강제로 앉혀졌습니다.

"야! 여기 외국인들 다 숨었나 봐. 이만 다른 데로 가자."

이 말 소리가 들리자 단속반들이 우르르 우리 공장을 빠져 나갑니다. 그들의 철수 명령에 나는 안도의 한 숨을 내쉬며 긴장의 끈을 놓았습니다. 긴장이 풀리자 온몸이 부들부들 떨려 왔고 옷은 온통 땀으로 흠뻑 젖었습니다. 그들의 발자국 소리가 멀어지고 내가 마루 밑을 막 기어나가려고 할 때였습니다. 누군가가 마루 밑을 들여다보았고 막 마루 밑을 빠져 나가려던 내 눈과 그의 눈이 동시에 마주쳤습니다. 그리고 내 두 눈에 들어 온 것은 모자에 쓰인 법무부라는 선명한 글씨였습니다. 그 순간 나는 심장이 멎는 줄만 알았습니다. 세상에 태어나서 심장 소리가 그렇게 크게 들릴 수도 있다는 것을 처음 알게 되었습니다. 나와 눈이 마주친 단속반은 내 얼굴을 바라보며 ―씨익― 하고 웃었습니다. 마치 처음부터 여기에 숨어 있다는 것을 알고 있었다는 듯이, 그리고 다음 순간 나의 뇌리에 스치고 지나가는 것은, 몽골에 있는 딸아이의 미래와 가족들의 생계였습니다. 나는 어떻게든 좋았습니다. 그러나 더 이상 딸아이에게 좋은 옷을 사 입힐 수도, 미래를 위해 값비싼 러시아 사립학교도 더 이상 보낼 수 없습니다. 생각이 미치자 바로 앞에서 애리카가 흘렸던 눈물이 내 눈에서도 똑같이 흘러내렸습니다.

"쉿! 제발…"

나는 손가락으로 입을 가리며 제발 모른 체 해 달라고 간절히 빌었습니다. 입을 가리던 손가락은 어느새 나도 모르게 애리카처럼 두 손을 모아 싹싹 빌고 있었습니다. 흘린 땀과 들러붙은 먼지와 눈물 때문에 나는 더 이상 여자이기는커녕, 사람의 몰골도 아니었습니다. 이런 내 모양새가 불쌍해서였을까요? 그 단속반은 복슬이를 몇 번 쓰다듬더니 이내 한마디 합니다.

"이 놈의 강아지, 토실토실허니 참 잘 생겼네. 말복 잘 넘겨라. 잡아먹히지 말고……"

그 말과 함께 단속반원은 윙크와 함께 내 앞에 무언가를 꺼내 놓습니다. 그가 내 놓은 건 바지주머니 속에서 눌렸는지 찌그러진 껌 한 통입니다.

"힘 내!"

단속반원은 황토먼지 가득한 땅바닥에 손가락으로 두 글자를 써 놓고 일행을 향해 뛰어갑니다.

"여긴 아무도 없어요."

단속반들과 함께 그의 목소리가 허공 속으로 사라집니다. 놀란 가슴이 진정되고 긴장으로 곤두섰던 머리카락에 힘이 풀리자 알 수 없는 설움이 복받쳐 왔습니다. 나는 끝내 복슬이를 껴안고 마디마디 서러워 엉엉 울고 말았습니다. 쫓기는 내 인생이 고달파서… 법보다 사랑이 먼저인 그 이름 모를 단속반원이 던져준 찌그러진 껌 한통 앞에서… 그렇게, 그렇게 오열하고 말았습니다. 복슬이는 내 얼굴에 흐르는 눈물을 그저 말없이 핥아 줄 뿐이었습니다.

폭풍우 같은 하루가 지나고 우리 공장에도 평온이 다시 찾아 왔습니다. 불법체류노동자에 대한 단속은 여전히 이루어지고 있었지만 다행스럽게도 가을이 지날 때까지 우리 공장에선 단속반에 붙들려 간 사람은 없었습니다. 그리고 가을쯤에 몽골에서 바람을 타고 들려온 소문은 여름에 잡혀가 강제 출국된 애리카가 두 아들과 함께 끝내 목을 맸다는 슬픈 소식이었습니다.

어느덧 가을이 가고 겨울이 돌아 왔습니다. 단속은 여전히 계속되고 있었고 여름과는 달리 이제는 수색영장을 들고 와 건물 구석구석을 뒤졌기에 단속차가 뜨면 단속버스로부터 최대한 멀리 도망쳐야 했습니다.

겨울이 깊어질 무렵 우리 공장에도 단속반이 들이 닥쳤고 공장에서 일을 하던 우리 직원들은 신발도 제대로 신지 못한 체 사방으로 뿔뿔이 흩어졌습니다. 나 또한 출입국사무소 직원들의 단속을 피해 눈 쌓인 벌판을 달리고 또 달렸습니다. 제대로 신지 못한 운동화 한 쪽이 눈밭 어딘가에서 길을 잃었지만 운동화를 찾을 여유 따위는 없습니다. 그저 달려야만 합니다. 차가운 겨울바람이 얼굴을 할퀴고 운동화 없는 발에서는 한발 한발을 내딛을 때 마다 불에 대인 것 같은 뜨거운 고통이 일어나지만 이 고단한 발걸음을 멈출 수 없습니다. 겨울바람이 내 등을 떠미는 바람에 몇 번을 넘어져도 다시 일어서야만 하는 내 이름은! 얼어붙은 눈이 창이 되어 연약한 내 발을 아무리 아프게 찔러도 달려야만 하는 내 이름은! 가난한 나라 몽골의 딸로 태어나 머나먼 이국땅에 돈의 노예로 팔려온 내 이름은! 내 이름은, 내 이름은, 내 이름은… 엄마입니다.

그렇게 고통 가운데 달리고 달려 몸을 숨긴 곳은 건초더미가 쌓여 있는 어느 허름한 농가였습니다. 건초더미에 몸을 숨기고 밖을 보는데 철창으로 둘러싸인 법무부 버스가 대로변을 지나갑니다. 멀리서 조그맣게 보이는 그들의 얼굴에서 절망으로 물든 짙은 그림자가 함께 따라갑니다. 두 대의 법무부 버스가 연이어 지나가고 내 손에 쥔 핸드폰에서 문자 메시지를 전하는 진동이 울립니다.

〈끝. 돌아와도 됨.〉

긴장의 끈이 풀린 나는 그제야 내 발 한 쪽에 신발이 없다는 걸 알았습니다. 그저 도망치기에만 급급했던 때는 겨울추위에 얼어버린 눈이 날카로운 창처럼 변해 발바닥을 찔러도 아픈 줄 몰랐건만 긴장이 풀리고 나니 에이는 겨울바람이 발가락 사이사이를 베어내는 것처럼 아린 고통을 몰고 옵니다. 그렇게 몇 발자국을 걷던 나는 추위에 얼어붙은 발을 붙들고 끝내 그 자리에 주저앉고 말았습니다. 시린 발을 붙들고 입김을 불어보지만 그 쓰라림은 멈추지 않고 칼로 쑤셔대는 것 같은 불같은 고통이 등줄기를 타고 머리끝까지 올라옵니다. 혼신의 힘을 다해 뛰느라 바닥난 체력이 한없는 갈증을 불러 일으켰고 그 갈증을 이기지 못한 나는 얼어붙은 눈을 떼어 정신없이 먹었습니다. 한참 동안 정신없이 눈을 퍼먹던 나는 무언가가 못내 서러워 끝내 눈물을 흘리고 말았습니다. 그리고 생각난 것이 고향에 계신 어머니와 딸아이였습니다.

"엄마! 엄마! 나 그냥 집에 갈래. 엉엉엉……"

나도 한 아이의 엄마이건만 여전히 엄마 품이 그리운 것은 나 또한 누군가의 딸이기 때문입니다.

"엄마! 엄마, 엄마 나 그냥 집에 가고 싶어… 엄마 나 그냥 돌아가면 안 돼?"

나의 울음 섞인 목소리는 허공에 묻히고 그 돌아오지 않는 대답에 더욱 서러워진 나는 끝내 통곡합니다. 마디마디 맺힌 설움 눈물로 찍어내도 거두어지지 않고 하루 일을 마친 햇살은 어느덧 산등성이로 넘어가 온 세상이 붉게 물들었습니다. 그 붉게 물든 세상 위로 한 여자의 통곡소리가 고즈넉한 벌판위로 낮게 드리워집니다. 그렇게 한참을 통곡하고 있는데 붉게 물든 저녁놀을 등지고 검은 그림자 하나가 나를 향해 뛰어옵니다. 그 그림자는 내 앞에서야 멈추어 섰고 내 눈 앞에 나타난 그림자의 정체는 다름 아닌 기다란 목줄을 메고 있는 복슬이였습니다. 복슬이를 매어 두었던 말뚝이 심하게 휘어진 걸로 봐서는 아무래도 복슬이가 나에게 오기 위해서 어지간히도 몸부림쳤나 봅니다. 그리고 복슬이 입에 물려 있는 건 다름 아닌 내가 잃어버린 운동화 한 짝이었습니다. 복슬이는 내 운동화를 내려놓고 그 큰 주둥이를 내 얼굴에 들이밉니다. 나는 복슬이를 한번 꽉 껴안아 주고 복슬이가 물어다 준 신발을 신어보았습니다. 아직 따스한 것이 아마도 복슬이는 늘 그랬던 것처럼 내 신발이 차갑지 않도록 품고 있었나 봅니다. 복슬이의 목을 보니 얼마나 몸부림쳤는지 껍질이 벗겨져 고춧가루 같은 핏자국이 말라붙어 있었고 언뜻언뜻 상처도 보였습니다. 나중에 공장 직원으로부터 들은 이야기이긴 하지만 복슬이는 내가 통곡하자 그 울음소리를 알아들었던 모양이었나 봅니다. 한 번도 빼내려 시도하지 않던 말뚝을 어떻게든 빼내려고 목에 상처가 생길 때 까지도 몸부림치기에 공장 직원이 무에 저리 애가 타는지 싶어 흔들리는 말뚝을 빼 주었더랬습니다. 복슬이는 그 길로 내 신발을 물고 한걸음에 내 앞으로 달려왔던 것이었습니다. 내가 눈물을 거두고 신발을 신고 일어서자 복슬이는 내 앞을 달려 나가며 태어나서 처음 얻은 자유가 마냥 신기한 듯 눈밭을 폴짝 폴짝 뛰어보기도 하고 자신의 꼬리를 물기 위하여 뱅글뱅글 돌아보기도 합니다.

사람의 나이로 치면 이제 갓 스무 살을 넘겼으니 그 혈기왕성함이 어디로 갈까요? 목줄에 매달린 말뚝이 무거울 만도 하건만 복슬이는 넓은 벌판을 쏜살같이 달려보기도 하고 보리밭 이랑과 이랑 사이를 높이뛰기 선수마냥 껑충껑충 뛰어보기도 합니다.

복슬이의 신난 모습에 서럽기만 했던 방금 전의 마음은 눈 녹듯 사라지고 내 입가에는 어느덧 엷은 미소가 피어올랐습니다.

저만치 앞 서 나가던 복슬이는 나와의 간격이 멀어지면 다시금 돌아와 내 얼굴을 한 번 쳐다보고는 또 다시 앞을 향해 신나게 달려갑니다. 나를 쳐다보는 눈빛이 나에게도 한 번 힘차게 달려보라는 것처럼 느껴지지만 지칠 대로 지친 나는 달릴 힘도 걸을 힘도 남아 있지 않습니다. 나는 그저 터벅 걸음으로 공장을 향해 힘없이 걸음을 옮기고 있을 뿐입니다.

그렇게 얼마를 걸었을까요? 복슬이는 내가 가로질러 왔던 4차선 대로를 빠른 속도로 가로질러 달렸습니다. 복슬이가 4차선 대로를 완전히 벗어 날 무렵 굉음과 함께 달려온 자동차 한 대가 아직 도로를 완전히 벗어나지 못한 복슬이의 목줄에 매달린 말뚝을 밟으며 지나갔습니다. 빠른 속도로 앞을 향해 달리던 복슬이는 목줄에 걸린 그 반동으로 인해 몸뚱이가 허공으로 붕하고 떠올랐습니다. 하늘 높이 나르던 복슬이는 깨갱 소리와 함께 맞은 편 차선으로 굴러 떨어졌고 맞은편에서 달려오던 자동차 한 대가 땅바닥에 뒹굴고 있는 복슬이를 그대로 치고 사라졌습니다. 그야말로 순식간의 일이었습니다. 어디서 그런 힘이 났을까요? 나는 복슬이가 달리던 속도보다 더 빠른 속도로 복슬이에게 달려가 보았지만 자동차 바퀴가 지나간 복슬이의 배는 이미 만신창이가 되어 있었습니다. 터져 버린 배에서 삐져나온 내장들이 사방으로 흘러내리고 있었고 찢어진 상처 사이로 시뻘건 핏물들이 꾸역꾸역 흘러내리고 있었습니다. 복슬이는 게슴츠레한 눈으로 나를 바라보며 마지막 남은 혼신의 힘으로 꼬리를 살랑살랑 흔들었습니다.

"복슬아! 복슬아! 안 돼, 안 돼, 복슬아."

"끼이잉 끼잉……"

복슬이는 대답대신 옅은 신음소리만 흘려 놓습니다. 나의 간곡한 기도와 절규에도 복슬이의 새카만 눈동자는 힘을 잃어가고 끝내 죽음이 찾아 온 복슬이의 몸이 여운처럼 부르르 떨더니 이내 움직임을 멈추었습니다. 그리고 복슬이의 목에는 죽어서도 풀지 못한 말뚝 달린 목줄이 매어져 있었습니다. 복슬이가 처음으로 얻었던 자유의 대가는 바로 죽음이었습니다. 그 죽음으로도 풀지 못했던 복슬이의 목줄과 말뚝! 그것은 죽음으로도 벗어 날 수 없는 복슬이의 운명이자 멍에였습니다.

하루가 지나고 나는 여전히 살아있었기에 또 다시 눈을 뜨고 일터로 나갑니다. 출근하기 위해 토방마루를 내려오는데 내 운동화 두 쪽이 어제 놓아두었던 그 모양 그대로 놓여있습니다. 신발을 신어보는데 밤새 시달린 겨울바람 때문인지 너무나 차갑습니다. 차가운 신발이 너무나 낯설기만 합니다. 언제나 복슬이가 품어주어 따스했던 신발이었는데… 그러고 보니 복슬이는 이제 제 곁에 없습니다. 텅 빈 복슬이의 집이 쓸쓸하기만 합니다. 퇴근하고 나서 복슬이의 시신을 거두어 야산에 묻어주었습니다. 복슬이를 묻어주고 내려오는데 자꾸만 흐르는 눈물 때문에 제대로 걸을 수 없었습니다.

어쩌면 복슬이는 그 짧은 생애 동안 엄마를 그리워하며 살았을지도 모릅니다. 나 또한 딸아이를 그리며 엄마를 그리며 갈 수없는 고국 땅을 그리며 하루를 살아가고 있지만 언제 복슬이처럼 그렇게 그리워만 하다가 죽을지 모를 일이었습니다.

눈물 때문에 흐릿해진 시야로 낯익은 버스 한 대가 내 앞을 스치고 지나갑니다.

눈물을 훔치고 바라보니 법무부라고 쓰인 철창으로 둘러싸인 이미게이션 버스입니다. 저 버스 안에는 오늘을 넘기지 못하고 붙들린 불법체류노동자들이 있겠지요. 그리고 저들은 자의든 타의든 고향의 품으로, 엄마의 품으로 돌아 갈 수 있겠지요. 나는 법무부버스를 향해 손을 흔들며 달려갑니다. 제발! 나 좀 잡아가 달라고 소리치면서…나도 저들처럼 돌아가고 싶습니다.

벌써 7년입니다. 너무나 힘이 듭니다. 실체도 없고 냄새도 없는 외로움이라는 단어가 이렇게 아프고 힘든 말인 줄 예전에는 미처 몰랐습니다. 이렇게라도 붙들려가 7년 전 공항에서 이별의 눈물 찍어내던 엄마의 젖가슴에 얼굴을 묻고 큰소리로 "엉엉" 울며 더 일하고 싶었는데 붙들리는 바람에 어쩔 수 없이 오게 되었다고 거짓말이라도 늘어놓고 싶습니다. 어제는 잡히지 않으려고 달렸건만 오늘은 제발 나를 잡아가 달라고 소리치고 있지만 약속한 버스는 이내 사라져 버립니다. 정신없이 뛰다보니 어제처럼 벗겨진 신발 한쪽이 어딘가에서 길을 잃었습니다. 달리던 길을 되돌아 걷는데 어제처럼 석양이 세상을 붉게 물들이고 어제처럼 맨발로 눈 덮인 벌판을 걷고 어제처럼 서러움에 눈물을 흘리지만 복슬이만은 어제처럼 내 앞에 나타나지 않습니다. 지금 당장이라도 복슬이가 내 신발을 입에 물고 달려와 내 앞에서 꼬리를 흔들고 있을 것이라는 상상을 해보지만 잃어버린 내 신발을 찾고, 차가운 신발을 신고, 그 신발이 다시 따뜻해질 때까지도 복슬이는 내 앞에 나타나지 않습니다. 내 앞에 놓인 어제와 오늘이 거짓말이거나 혹은 꿈이었으면 좋겠습니다.

기숙사에 돌아와 잠자리에 누워 잠을 청해보지만 잠이 오질 않습니다. 복슬이가 처음 우리 공장에 왔을 때처럼 나는 복슬이의 엄마가 누구였을지 생각해봅니다. 그리고 복슬이의 처지가 꼭 내 처지 같다는 생각이 들어 잠을 쉬 이루지 못했습니다.

죽음으로도 풀 수 없었던 복슬이의 그 멍에! 그 멍에는 바로 내 이름 앞에 붙여진 불법체류노동자입니다. 불법체류노동자라는 멍에를 안고 살아가는 내 이름은! 죽음으로도 풀 수 없는 그 멍에를 안고 살아가는 내 이름은! 살아생전의 내 아버지 나착도르지께서

제로드노드 가문의 빛이 되라고 지어주신 내 이름은! 이름은, 내 이름은, 내 이름은… 제로드노드 나착도르지 오건토야입니다.

* 제로드노드 나착도르지 오건토야는 제로드노드 가문의 나착도르지 집안의 첫 번째 빛이라는 뜻입니다.

아들의 여자

1.

아내는 현아를 싫어했다. 왜 그럴까? 현아는 며느리가 될 뻔 했던 아이였다. 남자는 아내의 마음을 모르지 않았다. 현아를 보면 아들을 잃은 슬픔이 떠오르기 때문이었다. 아내는 제 집처럼 불쑥불쑥 찾아와 서일의 방에서 머물다가 가는 현아가 싫었다. 현아가 무슨 잘못이 있느냐고, 누구보다도 상처가 큰 아이이고 서일을 가슴에 묻을 때까지 지켜봐 주자고 할라치면 아내는 남자를 향해 눈을 허옇게 뒤집곤 하였다. 현아에 대한 아내의 미움은 도가 지나칠 정도로 감정적이었다. 남자도 현아를 보는 일이 유쾌하지는 않았지만 아내처럼 질색하지는 않았다. 그런 마음을 아내에게 들키지 않으려 조심하고 또 조심하고 있었다. 언제까지가 될지 모르겠지만, 현아를 미워하는 자신이 부끄러워지는 어느 날, 멈출 날이 있겠지… 그런 심정으로 바라보고 있는 중이었다. 입에 게거품을 물정도로 성토를 하던 아내는 마지막으로 꼭 현아를 향해 억지를 부렸다. '그 지지배 때문에 이렇게 됐다고, 아이고 미련하고 어리석은 년, 지 남자 하나를 관리하지 못해 애를 이 지경으로… 애시 당초 허락하는 게 아니었어. 아니었다구!' 아들이 죽은 것과는 전혀 상관없는 말들이

• 1951년 출생
• 수필문학 등단. 한국수필가협회 회원, 문학사랑 회원
• 군포문인협회, 한국문인협회, 한밭소설가협회, 한밭수필가협회 회원
• 대한사이버문학 설립자
• 《문학사랑》 제10회 인터넷문학상 수상.
• 소설집『참고인』(2016. 7) 〈오늘의 문학사〉 출간.
• E-mail : cryingbird50@hanmail.net

었다. 남자는 여자의 억지에 토를 달지 않고 듣고만 있었다. 아내를 진정시킨답시고 현아의 입장을 말했다가는 줄초상을 치르게 될 지도 몰랐다. 그날도 현아는 그들 집을 방문했다. 현아는 남자 부부에게 인사를 하고 서일의 방으로 들어갔다. 아내의 얼굴이 붉게 일그러졌다. 남자는 아내의 손을 잡았다. 참으라는 의미였다. 아내는 남자의 손을 확 뿌리치고 안방으로 들어가 버렸다. 아내는 아들을 잃은 후 우울증을 앓고 있었다. 자다가도 일어나 울고, 우느라 밤을 새고 식사도 잘 하려들지 않았다. 의사의 치료를 받고 있는데 남자는 아내까지 잃을까봐 노심초사 중이었다. 현아의 마음을 모르는 것은 아니지만 정말 이젠 그만 왔으면 좋겠다는 생각을 남자도 하고 있었다. 남자는 방으로 들어 간 아내를 따라들어 가자니 아들 방에서 곧 나올 현아가 마음에 걸렸다. 아들 방에서 나왔을 때, 텅 빈 거실에 서서 홀로 외로워할 현아에게 왠지 미안했다. 남자는 현아를 더 이상 아프게 하고 싶지 않았다. 현아가 방에서 나올 때면 남자는 현아의 눈과 마주치기를 꺼려했었다. 현아의 슬픔이, 아픔이 곧 남자의 것도 되기 때문이었다. 그런데 오늘은 여느 날 보다 일찍 서일의 방에서 나왔고 표정도 운 표시가 나지 않았다. 건조했다.

"괜찮니?"

남자는 자신도 모르게 그렇게 물었다. 왜 안 우니? 라고 묻는 것 같아 순간 당황했다. 당황한 남자는 화제를 돌린다는 것이 또 다시 실수를 하고 말았다.

"여보! 현아 간다고 하는데…."

안방에 있는 아내에게 전하는 것이 아닌 현아에게 빨리 가라고 채근하는 메시지가 되고 말았다. 남자는 자신도 모르는 사이 아내의 편에 서 있는 것에 놀랐다. 정말 그럴 마음은 아니었기 때문이다. 현아는 어이없는 표정으로 남자 쪽을 돌아보았다. 반응이 없을 줄 알았던 아내가 방에서 나왔다. 뜻밖이었다. 그리고 고마웠다. 배웅을 해주는 건 방문을 해준 현아에 대한 예의였다. 아내는 여적 까지 한 번도 그 예의를 지키지 않았었다.

“곧 인사이동이 있을 것 같은데….”

현아는 남자의 혼잣말에 답하지 않은 채, 아내에게 인사를 했다.

“어머니! 저 가요. 안녕히 계세요.”

방금 남자가 한 말은 분명 질문이 아니었다. 인사이동이 있어 어디론가 좀 먼 곳으로, 서울에서 멀리 떨어진 지역으로 가기를 바라고 있는 듯한 말투였다. 현아는 시댁이 될 뻔한 이 집을 냉큼 떠나지 못하는 자신에게 화가 났다. 그리고 남자의 질문 같지 않은 질문의 핵심을 꿰뚫고 있었다.

그렇게 인사가 오가는 잠깐도 아내는 참지 못했다. 혼잣말처럼 중얼거렸을 뿐인데, 남자의 아내는 남자에게 아무 것도 묻지 말라는 듯한 눈짓을 했다. 말을 걸어 잠시라도 이 집에 머물게 하지 말라는 뜻이었다. 드라마 속 막말처럼 “저 물건을 빨리 치워줘 봐” 하는 것 같았다. 가겠다고 인사를 하는 사람한테 뭘 저렇게까지 하나 싶었지만 남자는 아내의 눈치를 살폈다. 남자도 현아와 마주칠 때마다 아내와의 사이에서 가식적인 중재 역할을 하는 자신이 싫었었다. 지금처럼 어중간한 말과 행동으로 현아를 자주 당황하게 했다.

“당신, 오늘 저녁 나가서 먹을까? 현아야! 넌 어때? 같이 저녁 먹고 가지 않을래?”

남자는 조금 전 현아의 자존심을 건드린 잘못을 만회해 보려는 듯 저녁식사를 제안했다. 자신도 현아와 같이 나갈 구실을 만들고 있는 것이었다. 당연히 아내는 현아와 같이 외식을 하지 않을 것이었다. 눈치 빠른 아내는 남자의 말을 재빨리 낚아챘다.

“그러세요. 얘 좀 데리고 나가 맛있는 것 좀 먹어요.”

생각해주는 것 같았지만 아내는 어떤 방법으로든 현아를 집밖으로 빨리 내보내고 싶었던 것이다. 남자는 아내의 그 가소로운 음모에 냉소를 했다. 남자는 아내의 마음을, 아픔을 이해하지 못하는 것이 아니었다. 세월이 흘러 오늘의 일을 부끄러워하며 후회할 상황을 만들고 있는 줄 알고 있지만, 지금 아내는 너무 아파, 현아의 아픔에 배려할 여력이 없었다. 현아도 서일 엄마의 진심을 모르고 있지 않았다. 서일의 엄마가 현아를 싫어하는 이유를 몰라서 이렇게 안면몰수하고 찾아오는 것이 아니었다. 이렇게라도 해야 서일을 가까이서 느낄 수 있기 때문이었다. 서일을 닮은 부모님, 서일이 숨쉬고 잠자던 방에서 서일과의 추억을 떠올리며 그리워했다. 현아는 서일을 보내고 싶지 않았다. 현아는 세월이 흐르면 자연스럽게 잊어진다는 그 말이 두려웠다. 서일과의 추억 그리움 등을 붙들고 싶었다. 서일의 부모가 있고 서일의 숨결이 배어있는 이 집에 오면 그 바람은 이루어질 것 같았다. 그러나 서일의 어머니는 현아의 방문에 강한 거부감을 나타냈다. 서일의 엄마는 현아를 보면 서일의 부재를 더욱 아프게 실감해야 했다. 보고 싶어 미칠 것 같았다. 보고 싶어도 볼 수 없다는 안타까움과 고통에 당장이라도 눈을 감아버리고 싶었다. 살아있는 현아조차 밉상이었다. 물론 같이 죽었어야 한다는 것은 아니지만 눈앞에서 알짱거리는 현아가 보기 싫었다. 현아는 서일 엄마의 마음을 당연히 잘 알고 있었다. 너무 아파 그 책임을 그 누구에겐가 전가하고 원망하지 않고선 견디기 힘든 것이었다. 맛있는 거 먹으라는 서일 엄마의 가식적인 멘트를 현아는 받아드리기로 하였다. 모른 척 받아들이면 모른 척 다시 올 수도 있을 거란 비겁한 생각에서였다.

"나가자!"

현아는 아내를 향해 공손하게 허리를 한 번 더 굽혔다.

2.

현관문을 나서면서 남자는 조금 전 저지른 실수를 사과하는 심정으로 현아를 위로했다.

"네가 이해해주면 좋겠다. 엄마를…"

"……"

현아는 이해하고 싶지 않았다. 약속했다. 상실의 아픔은 누가 더 하고 덜할 것 같지 않은데 유독 혼자만이 겪는 아픔처럼 응석과 엄살이 심했다. 남자는 현아의 자존에 상처를 주는 아내를 설득할 수 없음에 괴로웠다. 고부간의 갈등은 아들이 존재하지 않는 곳에서도 살아있었다.

"아빠! 마음 쓰지 마세요. 이젠 저도 자주 올 수 없어요. 발령 났어요."

"어디로?"

"춘천지검으로요."

"아! 근데 아까는 왜 아무 말 안 했지?"

"그건 질문이 아니었잖아요."

"그럼 지금은 왜 말해? 난 안 물었는데…"

"엄마가 안 계시잖아요."

"응? 잠깐만! 여기서 기다릴래? 주차장으로 같이 내려갈래? 차 가지고 왔니?"

"차는 춘천에 짐 실어다 놓고, 그냥 두고 왔어요. 내려갈게요."

아파트 주차장 계단을 내려가며 남자는 현아의 발령지에 대해 물었다.

"너무 멀리 났다. 앞으로 정말 보기 힘들어지겠네."

"멀지 않아요. 엄마하고 바람 쐬러 오세요. 오늘은 두 분께 인사드리려고 왔어요."

"그렇구나. 근데 엄마한테는 왜 그 말 안 했지? 앞으로 자주 못 볼

텐데. 집은?"

"근처에 작은 아파트 얻었어요. 짐은 다 옮겼어요. 엄마는 저 보는 거 싫어하니까요. 기쁘게 해드리고 싶지 않았어요."

"서일이 살아있었으면 고부갈등이 장난 아니었겠다. 어쨌든 미안하다. 네가 이해해, 자식을 잃은 어미잖니. 춘천까지 데려다 줄게. 저녁은 가면서 적당한 곳에서 먹자."

"눈이 온다고 했는데요. 오실 때 고생하실 수 있는데요."

"별 걱정을 다 하네. 천지가 집인데… 혹 같이 갈 사람 있나?"

"서일씨 간 지 두 달도 안 됐어요. "

"친구 있느냐고 묻는 건데, 과민이네…"

"없어요."

"오늘 참! 내 뇌세포가 꼬였나보다. 헛말만 자꾸 나오고… 타자!"

현아는 운전석 옆 좌석에 탔다. 남자는 현아가 타는 것을 보고 자신도 운전석에 올랐다.

"어머님께 전화 드릴까요?"

"내가 할게."

서일은 이번 인사이동에는 빠질 것 같다고 하였다. 남자 부부는 서일을 멀리 떠나보내지 않게 되어 기뻤었다. 결혼을 하면 식구가 늘어 좋을 것이라고 하였지만 아내는 입술을 삐죽였다. 그럴 바에는 아이들을 분가 내라고 하면 아내는 그건 안 된다고 하였다. 둘은 동갑내기로 사법고시 동기였다. 검사발령을 받을 때까지 노력한 고생이 아깝게, 서일은 너무 일찍 세상을 떠났다. 사법고시 준비 중 간간히 즐기던 오토바이 레이싱 때문이었다. 오토바이 레이싱을 극구 말려왔건만 듣지 않더니, 결혼날짜 일주일을 남겨놓고 잠실에 살고 있는 현아를 만나고 집으로 돌아오는 강변도로에서 기어이 사고를 당하고 말았다. 취미를 차로 바꿔보라 고 해 보았지만 카 레이싱이 아니면 안 하겠다고 고집을 부렸다. 어떻게든지 말렸어야 했다고 후회하다가도 어쩌면 그것이 자신의 운명인지도 모르겠다고 하늘의 뜻으로 미뤘다.

"혼자 가 있을 만한가?"

"괜찮아요. 늘 혼자였는데요. 뭘?"

현아는 고아였다. 고등학교 졸업까지는 시설에서 도와주었다. 대학부터는 후원자의 도움으로 다닐 수 있었다. 시설에서 연결해준 기업가의 후원이 있어 사시합격까지 할 수 있었다. 후원자는 일정 기간 법관 생활을 하다가 변호사를 개업할 즈음 회사의 법무 팀을 맡아달라고 하였다. 서일을 잃어버리기 전까지 현아의 청년 운은 그다지 나쁘지 않았었다. 현아가 고아라는 것이 서일 엄마의 신경을 계속 건드렸었는데, 이제는 아들까지 잡아먹은 여자로 낙인을 찍었다. 서일 엄마에게 현아는 머리가 좋아 판사가 된 것 말고는 고아 보이는 게 한 가지도 없었다. 하지만 현아는 그런 일로 주눅 들지 않았다. 왜냐하면 그녀는 부모 없이도 자신이 하고자 하는 일을 잘 해냈다는 자부심을 갖고 있었다. 결혼은 할 수 없었지만 사랑하는 남자가 있었고, 죽음으로 헤어졌다. 이승에서의 삶이 무척 급하게 지나가고 있었다.

"아빠! 전 조실부모에서 청상과부까지… 삶의 슬픈 과정을 벌써 다 경험 했네요. 맞죠?"

"엄밀히 말하면 결혼은 하지 않았지."

"한 거예요. 전 아버님 며느리지만 며느리라는 생각은 하지 마세요."

"며느리라고 생각 안 해! 넌 아무 일도 없었던 거야. 신은 인간에게 너무 많은 것을 주지 않는다고 하지 않던? 넌 율사로써 해야 할 일이 많은 훌륭한 인재잖니? 잘 견딜 수 있어. 봐라, 잘 하고 있잖니? 앞으로 넌 네 일에서 승승장구 할 거야."

"잃을 게 더 없어서요? 어쨌든 산 사람은 살게 돼 있나 봐요. 서일씨한테 미안하지만요."

"어쩔 수 없겠지만, 어쩔 수 없어 산다 하지만, 암튼 산 사람은 살아."
"그렇지만 잊고 싶지 않아요. 아파도… 놓지 않을래요."
남자는 씨익, 하고 미소를 지었다.
"처음엔 다 그렇게들 말하지. 암튼 세월이 약이라고 하니 기다려보자. 더 늦어지기 전에 밥 먹자."
남자는 춘천 가도에 있는 경양식 집 앞에 차를 주차했다. 음식점 안에 들어서며 남자는 현아에게 물었다.
"이 쪽은 해물탕 집만 있는 줄 알았는데, 이런데도 있었네. 스테이크 먹자. 괜찮지?"
남자는 스테이크 2인분을 주문했다. 서울에서 떠날 때부터 눈이 날리고 있었다. 곧 그칠 줄 알았는데 눈은 아주 조금씩 커져갔다. 금세 그칠 눈은 아니었다.
"꽃샘추위는 이른 것 같고 아직 겨울 맞지?"
"남쪽에는 꽃이 피었다는데요."
"서일이가 우리한테 눈으로 오고 있나?"
"아빠 드라마 도깨비 보셨구나."
현아는 활짝 웃으며 남자를 놀렸다.
"너도 봤니?"
"전 재방송을 드문 드문…"
"도깨비 할 때 서일이 떠났지. 나도 재방송 본거야."
"……"
"드라마에서처럼 환생해서라도 만나면 좋겠다."
"산 사람에게 죽은 자의 환생이 뭐가 중요한가요. 알아보지도 못하는데요."
"기억은 못해도 감성은 살아나지 않을까?"
"그럴 때 전생의 인연이라고들 하나 봐요. 그럼 아빠와 전 어떤 인연으로 지금 만나고 있을까요?"

남자는 씁쓸한 미소를 지으며 창밖을 바라보았다. 현아도 남자의 시선을 따라갔다. 강물을 바라보면 어지러운 마음이 다소 안정이 되었다. 강물 위로 사뭇 많은 눈들이 내려왔다가 사라졌다. 흔적도 없이 사라지는 눈의 춤사위를 보다가 둘은 서로의 얼굴을 바라보며 어색하게 웃었다.

서일이 떠나기 전부터 시작한 대통령의 하야를 촉구하는 촛불집회는 탄핵소추까지 이어지며, 온 나라가 시끌시끌했다. 그렇지만 그런 사건은 그들의 아픔에 비교될 수 없었다. 예로부터 내 손톱 밑 가시가 더 크다고 하였다. 둘은 특별하게 나눌 대화가 없었다. 현아가 관심이 있을 반한 것은 요즘 시국인 듯하였다.

"이렇게 시끄러울 때 검찰에선 무슨 생각을 할까?"

"글쎄요?"

며느리가 될 뻔했던 현아는, 남자 부부에게 인사 온 첫날, 남자를 대뜸 아빠라고 불렀다. 얼굴이 붉어지는, 깜짝 놀라게 하는 호칭이었다. 그 호칭 때문에 아내는 처음부터 현아를 못 마땅하게 생각했다. 공부만 한 순진한 앤(아이)줄 알았더니 여간 되바라지지 않았다고 헐뜯기까지 하였다. 그러나 남자는 좋았다. 남자는 아버지! 라고 부르는 외아들 서일의 굵고 딱딱한 목소리가 아닌, 현아가 불러주는 아빠라는 호칭이 나긋나긋하고 다정다감해서 듣기 좋았었다. 서일의 장례를 치른 후 현아는 서일의 방에서 며칠 동안 나오지 않았었다. 남자의 아내는 현아가 서일의 방에 들어가는 것을 가장 싫어했다. 질투였다. 현아는 서일의 방에서 울다가 잠들었다 를 반복하다가 돌아갔다. 미워도 굶길 수는 없었는지 아내는 밥상을 차려놓고 현아를 불렀다. 하지만 현아는 남자의 아내와 마주치지 않으려 하였다. 속이 안 좋다는 핑계로 한 번도 식탁에 앉지 않고 돌아갔다. 그런 현아가 더욱더 못마땅했다. 돌아가고 나면 남자의 아내는 으레 한마디씩 던졌다.

"아이고~냉정한 년, 차가운 년!"

아내는 의도적으로 현아를 경멸하고 모욕을 주고 싶어 하는 것 같았다. 아내는 판사인 현아에게 열등감을 느끼는 듯 했다. 그래도 며느리가 될 뻔했을 때는 자랑스러워하는 눈치였었다. 그러나 지금 현아에게 하는 걸 보면 그렇듯 자랑스럽기만 했던 것은 아닌 듯하였다. 아내는 냉랭하게 돌아서는 현아의 뒤통수에 대고 당치도 않고 적절치도 않은 이따위 말이라도 던지지 않고선 자존심이 회복되지 않는 모양이었다. 그러나 앞으로 현아로 인해 아내가 마음 상할 일은 일어나지 않을 것이었다. 현아가 서울에 있을 때는 퇴근 후 들렀다 가면서 아내를 자주 불쾌하게 하였지만 앞으로는 지금처럼 올 수 없었다. 남자는 내심 안심했다. 아내 눈치를 보지 않아도 될 것 같았다.

"가자. 내일 출근하려면…"

식사를 끝낸 둘은 차에 올랐다. 현아가 입력해놓은 네비의 주소를 보며 달렸다. 현아는 남자의 오른 손에 자신의 왼 손을 살짝 대며 말했다

"만지고 싶고, 안고 싶고 그래요."

순간 남자는 민망했다. 그리고 자신이 뭘 잘 못 들었나 했다.

"실컷 만지고, 실컷 뽀뽀하고… 그럴걸 그랬어요. 정말 보고 싶어요, 아주 많이…."

그제야 남자는 그 말의 뜻을 알아차렸다.

"나도 그래. 뭐 지금은 그럴 나이가 아니어서 살아있어도 못하겠지만. 후~"

"아빠 손 만져보고 싶어요. 서일씨 손하고 닮았나 보게…"

"안 돼. 난 간지럼을 심하게 타."

"간지럼 타는 건 아빠 사정이고요. 저는 검증에 들어가겠습니다!"

"아니되옵니다. 공주마마 제 손을 잡으시면 전생이 보입니다."

"전생을 꼭 보고 싶습니다. 저승사자님!"

현아는 기아 쪽에 있는 남자의 오른 손을 살며시 잡았다. 서일의 아빠. 남자의 손은 크고 딱딱했다. 남자는 순간 전율했다. 현아의 손은 어린 아기 손처럼 정말 작았다.

"넌 왜 다른 사람처럼 크질 못했냐? 손이 왜 이렇게 작아?"

"후훗~서일씨는 그래서 좋다고 했는데요."

남자는 순간 너와 사이에 서일의 존재가 없었으면 좋겠다는 생각을 하였다. 그리고 머리를 흔들었다.

"유혹하지 마라. 난 아빠지만 남자거든…"

"저도 그걸 원해요. 아빠가 아닌 남자…"

"아가씨! 정신차려요."

"에이 겁쟁이…."

"판사님! 이건 겁 내는 것과는 다릅니다."

"화 나셨어요?"

목소리의 톤이 높아지자 현아는 놀라는 눈치였다. 남자는 화는 무슨? 하고 말끝을 흐렸다. 현아는 남자에게서 어떤 변화를 느끼고 싶어 했다. 서일은 그랬다. 현아가 자근자근 집적거리면 흥분을 했었다. 현아는 운전석에 앉은 남자가 서일이 아니라는 것을 잠시 잊고 있었다.

그때까지도 남자는 심각하게 생각하지 않았다. 현아는 아들이 간 빈자리를 채워줄 아이였다. 물론 꼭 그렇게 되지 않을 수도 있었다. 남자부부는 현아를 서일 대신으로 생각하지도 않을 것이며 보고 싶다고 찾아다닐 사람들도 아니었다. 서일과 같이 세월 속에 묻고 싶은 대상이었다. 현아로 인해 서일을 되살려 아프고 싶지 않은 것이다. 그렇지만 아직은 아니었다. 그런데 남자의 아내는 서일이 떠나는 그날부터 현아를 내치며 이별을 준비했다.

현아는 짐도 별로 없고 혼자 지낼 집이어서 작은 평수를 얻었다고 하였다. 아파트 앞에 도착했을 즈음 곧 그칠 것만 같았던 눈발은 함박눈으로 변해있었다.

"아빠! 여기다 차 놓고 우리 술 한 잔 해요."

"늦었다. 그냥 들어 가."

"에이… 여기까지 오셨는데…"

"헤어질 땐 늘 아쉽지. 그리고 술 하면 너 내일 출근하는데 지장이 있고, 나도 집에 못 가…"

"천지가 아빠 집이라면서요?"

남자는 현아답지 않은 교태에 놀랐다. 하지만 남자도 이대로 헤어지기가 조금 서운했다. 현아의 유혹(?)에 솔깃했다. 이런 날이 자주 있을 것 같지 않았다. 이대로 헤어지면 왠지 후회할 것 같았다. 남자는 가볍게 마실 수 있는 생맥주 집으로 들어갔다.

"오늘 술 좀 될 것 같네. 밖은 눈 내리고 적당히 춥고, 예쁜 너 있고…"

둘은 맥주잔을 들어 살짝 댔다.

"이제부터 난 서임의 아빠가 아니다. 친구라 생각하고, 편하게 생각하고 마셔."

남자는 이게 무슨 짓인가 하면서도 현아와의 불편함을 들키지 않으려 약간의 허세를 부렸다. 그동안 슬픔을 위로한답시고 늘어놓은 말들이 많았다. 이제는 하고 싶지 않았다. 똑같은 말로 식상해 있을지 모를 현아의 마음을 헤아렸다. 아프기야 남자나 현아나 더도 덜도 아니겠지만 남자는 자신이 어른이라는 점을 자각 했다. 현아는 어렸다. 어떻게든지 어린 현아를 위로 해주려면 원하는 대로 해주는 것이 옳았다.

"말 안 해도 돼. 그냥 마시자."

"솔직히 일에 집중이 안돼요. 그만 두고 싶어요."

"나도 회사 다니기 싫다. 그만둬야겠다."

"그런 억지가 어딨어요? 안 돼요. 아빠!"

"왜? 너는 되고 나는 안 되지? 네가 얼마나 중요한 일을 하고 있는지… 명심해야해."

"열심히 하겠습니다. 실망시키지 않겠습니다."

그리고 현아는 울기 시작했다. 울면서도 현아는 말했다.

"저 취해도 먼저 가라던지, 데려다 준다든지 하지 마세요. 제가 알아서 잘 갈게요."

남자는 어이가 없어 웃었다.

"좋아. 그렇게 하자. 취해보자. 우리들에게 내일은 없다. 오늘만 있는 거다."

"아빠 멋있어요. 멋져요. 좋아요!"

현아는 엄지손가락을 들어보였다. 남자는 가슴이 면도날에 베인 것처럼 쓰리고 아팠다. 서일이 떠난 것도 정상이 아니었듯이 오늘 자신의 행동도 정상은 아니었다. 그러나 오늘만큼은 서일의 아빠가 아닌 한 인간으로 현아와 있고 싶었다. 남자라고 해도 괜찮을 것 같았다.

"오늘 서일이 이야기 하는 놈은 죽는다."

술이 취하긴 한 모양이다. 현아는 서일의 이름을 듣고도 웃었다. 남자는 그렇게 취해 아들의 여자, 스물아홉 살의 현아와 노래방과 클럽을 돌았다. 그리고 택시를 타고 현아네 집까지 데려다 주고, 택시 기사에게 숙박할 수 있는 시내 가까운 호텔로 데려다 달라고 하였다. 눈을 뜨자 어젯밤 기억이 어렴풋이 났다. 남자는 현아의 휴대폰 번호를 눌렀다.

"전화를 안 받으셔서 그냥 출근했어요. 괜찮으시죠?"

"난 언제 여기에 왔니? 네가 데려왔니? 나 혼자 왔니?"

"기억나지 않으세요? 저를 집까지 데려다 놓고 혼자 가셨어요. 그 이후로 전화가 안돼서 걱정했어요. 조심해서 내려가세요. 차 어디

있는지 아시죠? 제 아파트 앞에 있어요."

"그건 기억난다. 알았다."

"아침 식사 같이 하려 했는데 늦어서 전 먼저 출근할게요. 아빠 출근은요?"

"걱정마라. 내 알아서 할 테니 몸 건강하게 잘 지내! 죄 있는 놈한테 무죄 판결하는 일 없이…"

"알았어요. 잘 할게요. 눈이 녹지 않았어요. 간밤 추웠나 봐요. 운전 조심하셔야 해요. 아빠! 데려다 주셔서 감사해요. 안녕히 가세요."

남자는 어제와는 전혀 다른 현아의 씩씩함에 안심을 했다. 서일의 삼우제가 끝나는 날도 출근을 한 현아였다. 그래도 서일의 방을 찾을 때면 당장이라도 법관 생활을 그만 둘까봐 걱정했었는데, 이젠 안 해도 될 것 같았다. 현아는 꿋꿋하게 자신을 잘 관리 하고 있었다. 기특했다.

술이 좀 깨자 남자는 아내가 걱정이 되었다. 서일을 잃은 후 앓게 된 우울증은 의사의 치료에도 불구하고 그다지 좋아지지 않았다. 어쨌든 보기조차 버거워하는 현아를 집밖으로 끌어내주었으니 하룻밤 외박은 용서해 주리라 생각하며 집으로 전화를 했다. 아내는 전화를 받지 않았다. 남자는 마음이 바빴다. 늦은 출근이지만 회사를 가려면 집에 가 옷부터 갈아입어야 했다. 아내의 심문에 답할 답안지를 마음속에 만들기 시작했다.

3.

남자는 현관문을 들어서자 뭐라고 말 할 수 없는 불길한 기운을 느꼈다. 불현 듯 남자는 아내가 잠을 자고 있었으면 좋겠다는 생각을 했다. 아내의 공허한 눈빛과 마주칠 때면 남자는 아내를 위해 또 다른 위로의 말들을 준비해야 한다는 것을 알았다. 점점 지쳐갔다.

그는 자신이 하고 싶은 말, 할 수 있는 말들은 다 했다고 생각했다. 물론 그것들이 아내에게 진정한 위로가 되었는지는 알 수 없었다. 자신에게도 위로가 되지 않는 말들이었기 때문이다. 하지만 아내는 듣는 척 해주었다. 아내는 남자도 위로 받아야 할 사람이라는 것을 잘 알고 있었다. 남자는 문을 열고 거실로 올라서면서부터 딴 사람처럼 명랑한 목소리로 아내를 찾았다. 아내는 늘 그랬던 것처럼 만사 귀찮은 표정을 짓고 거실로 나올법한데 집안은 고요했다. 남자는 잠시 그 자리에 멈췄다. 왜 안 나오지? 두려웠다. 그리고 안방 문을 열어보기 전 집안에 퍼져있는 비릿한 냄새의 근원지부터 찾았다. 목욕탕 문을 열어보았다. 욕조 물은 시뻘겋게 물들어 있었고 그 핏물은 욕조 밖으로 조금씩 흘러넘치고 있었다. 남자는 물속에 잠겨있는 아내의 얼굴을 차마 바라볼 수 없어 외면했다. 혼자 힘으로는 아무것도 할 수 없었다. 남자는 경찰에 신고를 했다.

남자는 아내의 죽음에 대한 첫 번째 용의자로 경찰서의 조사를 받기 시작했다. 남자는 현아에게 연락을 했다. 아내가 자살을 하던 시간 남자의 알리바이를 현아는 증명해주었다. 현아의 증언과 부검 결과 자살로 수사는 종료되었다. 아들을 떠나보내고 두 달도 안 돼 다시 아내를 보내고 말았다. 남자는 아내를 지켰어야 했다고 후회했다. 오토바이를 뺏어 박살을 내서라도 타지 못하게 했어야 했다. 때문에 남자는 아들을 지키지 못한 아빠가 되었다. 그러니까 결론은 남자는 가족을 지키지 못한 무능한 아빠, 남편이었다. 아들에 이어 아내까지 초상을 치른 남자는 "넉다운"이 되고 말았다. 그날부터 남자의 질서는 무너졌다. 대체연료 연구가인 남자는 회사도 그만두고 집안에 처박혀 두문불출해버렸다. 술이 남자의 주 메뉴가 되어 있었다. 어쩔 수가 없었다. 술이 아니고선 한시도 견딜 수가 없었다. 남자는 아내를 지키기 위해 직장을 그만두지 못한 것을 후회했다. 이렇게 쉽게 버릴 수 있는 직장이었는데 말이다. 아내는 남자에게 이렇게 써서 베개 위에 올려놓았었다.

"여보! 나 우리 서일이 만나러 가요."

4.

아들에 이어 아내까지 보낸 남자는 그날 이후 집안에서 나오지 않았다. 현아는 남자의 아내 장례식에 참석한 이후 연락을 해오지 않았다. 그럴 겨를이 없게 바쁜 것 같았다. 아니 연락을 할래야 할 수가 없게 만들었다. 집 전화는 코드를 뽑고 핸드폰은 배터리를 빼 버렸다. 일부러 찾아오지 않는 한 남자와의 연락은 불가능했다. 자신이 한 짓은 생각하지 않고 현아를 기다렸다. 지금 남자를 위로해 줄 수 있는 유일한 사람이었다. 기다리고 있지는 않은데 이따금 궁금했다. 하지만 남자 쪽에서 연락은 하지 않을 것이었다. 현아를 위해서였다. 서일을 기억나게 하는 남자는 현아의 일상에 도움이 되지 않았다. 남자는 그저 세월이 흘러가기만을 기다리고 있었다. 세월이 흐르면 상실의 아픔이나 고통 따위도 아무렇지 않은 사건으로 세월에 묻고, 가슴에 묻고 그러면서 아픔은 퇴색되어 갈 것이었다. 그러나 남자는 현아를 떠올리며 한동안 뽑아놓았던 집 전화 코드를 한 달 만에 다시 꽂았다. 현아를 생각하며 휴대폰의 배터리에 충전기를 연결했다. 배터리를 휴대폰의 연결하자마자 벨이 울었다. 현아의 전화였다. 남자는 울컥 목이 메었다.

"아버님! 전화 안 받으셔서 놀랐잖아요. 괜찮으세요?"

"죽었나 와 봐야 되는 거 아닌가? 안 죽었어. 나 잘 살아 있다구."

"서운하셨어요? 귀찮아서 코드 빼놓은 줄 알고 기다렸지요. 아빠는 엄마와 다르잖아요. 그리고 저도 엄청 바빴어요. 이렇게 서운해 하실 줄 몰랐네요."

"사람들 참 무심하네…"

"죄송해요. 미안해요."

연락 방법을 단절시킨 것은 자신이었다. 약간의 서운한 마음은 있지만 안 찾아주어서 고마웠었다. 그렇게 큰일을 당했을 때는 그 어떤 말로도 위로가 되지 않는다는 걸 잘 알고 있었다.

"됐다. 그냥 해봤다. 왜?"

"아버님! 오늘 저녁 약속 있으신가요?"

"약속은 무슨? 그런데 너 왜 금방 아빠라고 안하니?"

"아빠라고 부르는 게 좋으세요? 호호……"

"왜 웃나?"

"아버님! 왜 그러세요? 무안하게요."

"아니다. 그냥 그래보고 싶었다. 어디서 볼까?"

"아버님! 저 춘천에 있어요."

"알고 있잖나. 거기까지 내가 데려다 줬고…서일 엄마 떠났고…"

"죄송해요. 그날 아버님이 절 데려다 주지 말았어야 했어요."

"네 탓 아니다."

"아버님! 집에만 있지 마시고 바람 쐬러 오세요."

"그런데 그걸 이 시간에 말하면 어떻게 하나? 네 퇴근 시간 안에 맞춰 갈 것 같지 않은데…"

"아버님이 핸폰을 이제야 켜셨는데… 기다리겠습니다."

"아니다. 아무 데도 가고 싶지 않아. 쉴란다."

"아버님 맨날 쉬지 않았나요? 오세요."

"네가 와라."

"에이~ 전 재판 준비가 너무 많아 시간 내기 힘들어요. 오늘 굉장히 아버님이 보고 싶어요. 아빠!"

현아의 목소리가 축축했다.

"우니?"

"아뇨. 아니에요."

"내가 왜? 네 남자친구한테 연락해."

"……네에. 그럼 아버님 건강 잘 챙기세요. 꼬옥요~~"

벌써 무슨 남자친구가 생겼겠냐고 라고 할 줄 알았더니, 그 질문에는 대꾸하지 않은 채, 순순히 작별인사를 했다. 사설이 없는 간단명료한 아이라고 생각했다. 오히려 멋쩍고 말문이 막히는 쪽은 남자였다.

5.

남자는 불현 듯 허기를 느꼈다. 남자는 허기질 때마다 가스 불을 켜고 라면 냄비에 물을 부어 올렸다. 자식이 한명 더 있었으면 서일을 잃은 슬픔이 덜 할 수 있었을까. 그럼 아내는? 아내도 한명 더 있어야 했다는 논리인가? 남자는 이 상황에서 웃으면 안 되는데 하면서도 피식 웃었다. 가족을 다 잃은 이 기막힌 상황에서도 웃음은 나왔다. 남자의 눈에 이슬이 맺혔다. 가슴 한가운데로 서늘한 바람이 지나갔다. 남자는 금방 켰던 가스 불을 껐다. 샤워가 생각났다. 거울 속의 남자는 자연인이 되어있었다. 머리카락은 다듬지 않은 초가지붕 처마 끝을 흉내 내고 있었고, 구레나룻은 시커멓게 얼굴전체를 덮고 있었다. 집안은 돼지우리를 방불케 했다. 칩거 한 지 불과 한 달 밖에 되지 않은 것 같은데, 박근혜 대통령 탄핵은 결정 되었고 계절은 4월이지만 초여름 날씨처럼 더웠다. 남자는 거의 폐인이 되다시피 황폐해져있었다. 남자에게 지난겨울은 정말 혹독했었다.

남자는 거울을 들여다보고 샤워부터 하기로 하였다. 옷도 겨울옷에서 여름옷으로 바꾸기로 하였다. 샤워가 끝나면 이발소에 가서 이발과 면도를 한 후 마트에 가야겠다는 생각을 한다. 마트에 있는 간이식당에서 요기를 한 후 시장을 좀 보아야겠다는 생각도 한다. 집안에 먹을 만한 것이 너무 없었다. 뭔가 먹을 것을 좀 사다 놔야

불시에 찾아오는 허기를 면할 수 있을 것 같았다. 샤워를 끝낸 남자는 며칠 째 입고 뒹굴었던 옷들을 모두 벗어 세탁 바구니에 넣었다. 아내가 떠난 후 한 번도 손대지 않았던 여름 옷 서랍장을 열어 반팔 티셔츠를 몇 장 꺼냈다.

남자는 겨우 한 달인데 아주 오랜만에 운전대를 잡은 것처럼 낯설었다. 남자는 회사에 명예퇴직을 신청했었다. 회사에서 반길 줄 알았는데, 대표는 그를 붙들었다.

"주 팀장의 아픔을 알고 있다고 말하면 믿지 않겠지만, 우리로서는 주 팀장을 그렇게 밖에 위로할 수 없지 않은가요. 주 팀장이 우리를 이해해주면 안될까요. 다시 일 하고 싶어질 때 연락줘요. 너무 오래 쉬지 말아요. 급하면 모시러 갈게요."

"후배들한테 양보하겠습니다."

남자는 사직서를 책상 위에 놓고 아무 말 없이 대표실을 나왔었다. 퇴직을 했다고 생각한 남자는 외출 없이 24시간 TV를 켜놓고, 보다가 자다가 했다. 자고 또 자고 하다가 배가 많이 고프면 신문 사이에 끼어있는 광고전단지를 찾아서 먹을 것을 시켰다. 읽지 않은 신문은 현관문 입구 거실 끝에서 접혀진 채 뒹굴었다. 소주와 라면이 떨어지면 마트 쇼핑몰에 라면과 소주를 주문했다. 적당히 찾아 먹어도 자신은 살아 있었다.

6.

남자는 정육코너 맞은편에 있는 간이식당에서 우동을 시켜 먹은 후 마트 여기저기를 돌며 시장을 봤다. 정육코너에서 고기는 종류별로, 생선 코너에서는 연어와 대하, 낚지를, 과일 코너에서는 바나나, 사과. 오렌지, 수박을, 과자 코너에서는 크레카와 새우깡과 에이스, 젤리 등을 샀다. 딱히 먹고 싶은 것을 구입한 게 아니라 아내의 시장

바구니에서 가끔 봐왔던 품목들을 떠올리며 집어넣은 것이다.

그리고 남자는 차에 올라 잠시 뭔가 생각하는 듯 하더니 집과는 다른 방향으로 차를 몰았다. 남자는 아무 것도 생각하지 않았다. 현아는 남자를 불렀고 남자는 한 달 만에 갈 곳이 생겼다. 어디론가 떠난다는 그 자체가 좋았다. 늦은 밤 춘천가도는 사고가 잦은 위험 지역이고 차도 많이 밀렸다. 하지만 남자는 차가 밀려도 상관없었다. 가도 그만, 안 가도 그만이었다. 길이 막히면 되돌아오면 되었다. 반드시 가야할 곳이 아니었다. 떠날 목적과 목표가 생긴 것에만 집중했다. 라디오의 볼륨을 높였다. 서일이 세상을 떠나던 12월 초, 도깨비라는 드라마가 방영되었었다. 남자의 가족은 아들을 잃은 슬픔 때문에 텔레비전을 볼 경황이 없었다. 서일의 49제도 지내기 전 아내마저 떠나보냈다. 남자가 도깨비 드라마를 보게 된 것은 아내를 떠나보낸 후 칩거를 하면서였다. 읽는 것, 듣는 것, 보는 것조차 귀찮아하던 남자가 어쩌다 보니 텔레비전 리모콘은 들고 있었다. 대통령의 탄핵소추 결의안을 준비하기 위한 특검의 수사에 관심을 갖기 시작한 것도 그즈음이었다. 죽음이 돌이킬 수 없는 운명이라면 비리는 바로 잡을 수 있는 인재라 생각하면서 TV를 보던 남자는 이젠 아예 24시간 TV를 켜놓고 몰입했다. 똑 같은 뉴스를 되풀이 보다보면 지겨워 채널을 돌리다가 도깨비 재방송을 보게 된 것이다. 사랑하는 가족과 죽음으로 헤어져보지 않은 사람은 없겠지만 이 드라마는 남자의 당면한 아픔과 상처에 위안이 되어주었다. 죽음의 세계로 이끄는 저승사자는 저승길은 유턴이라고 말한다. 윤회와 환생을 암시하는 것으로 드라마를 지켜보는 산자들에게 희망을 갖게 했다. 939년을 살아 사랑하는 사람들의 죽음을 지켜보는 것이 신의 형벌이었던 도깨비도, 사랑하는 도깨비 신부를 만나자 죽고 싶어 하지 않았다. 살아서 도깨비 신부의 얼굴을 더 보기를 원했다. 생과 사는 신의 장난인 듯한데, 인간은 받아드릴 수밖에 없는 운명이었다. 도깨비의 삽입곡이 유행하는 것도 한 순간인 듯하였다. 크리마스 캐롤처럼 거리에 온통 울려 퍼지던 지난겨울의 유행도 지금은 한 두 곡만이 이따금씩 흘러나오고 있었다. 유행이란 것은 그렇게 한 순간에 지나갔다. 그러나 남자는 지금도 끊임없이 도깨비의 삽입곡을 들으며 장면을 연상했다. "Stay with me"는 서로가 운명적인 만남을 예감할 때, "Beautiful"은 도깨비인 배우 공유와 도깨비 신부인 배우 김고은이와 서로를 알아가는 알콩달콩한 씬에서 나오는 음악이었다. 예쁜 것을 좋아하는 전생의 황후와 저승사자가 만날 때는 "이쁘다니까" 라는 노래가 배경음악으로 나왔다. 전곡을 듣고 싶었다. 차를 갓길에 잠깐 멈추고 휴대폰에 받아놓은 음악을 블루투스에 연결했다. "첫눈처럼 너에게 가겠다" "소원" "Who are you" "Beautiful" "I miss you" "Hush" "And I'm here" "Winter is coming" "Stuck in love" "내 눈에만 보여" "첫눈" 남자는 온종일 드라마 "쓸쓸하고 찬란하神 도깨비"를 VOD로 보고, 보고, 또 보며 드라마의 대사와 삽입곡에 빠져 겨울을 났다. 윤회와 환생을 믿는 산 자들이 진정 얼마나 있을는지는 모르겠지만 혹 있다고 믿는다면 죽음이 이렇듯 슬프지 않을 것 같았다. 똑같이 환생해 전생을 모른 채 만나는 거야 운명이라 하겠지만 한 쪽의 기억만 살아있다면 그 또한 안타까운 환생일 것이었다. 그래서 '꼭 찾아갈게 내가 너를 잊지 않을게' 와 같은 삽입곡이 만들어진 것 같았다. 다행히 망각의 차를 마시지 않고 떠난 망자가 환생할 때에는 그 기억을 고스란히 가지고 태어난다? 역시 드라마다운 발상과 전개였지만 남자는 생과 사의 갈림길에 선 여러 장면을 보며 비로소 가족의 죽음을 체념으로 받아들이기 시작했다. 이렇게 보고 싶은데, 이렇게 느끼고 싶은데, 이렇게 목소리가 듣고 싶은데, 드라마는 그 모든 불가능한 인간의 갈망을 이루어 준다. 드라마 "도깨비"에서 신은 말한다. "신은 그저 질문하는 자일 뿐 운명은 내가 던진 질문이다. 답은 그대들이 찾아라.” 도깨비는 그 답을 찾는다. “선택”이라고 정의를 내린다. 사람들은 매순간 결정과 선택을 해야 하는 숨 가쁜 삶을 살고 있다. 어느 한쪽의 답을 선택한 순간, 그것을 자신의 운명이라고 생각한다. 남자는 아들과 아내를 다음 세상에서 정말 만날 수 있다면, 그들을 찾아 미리 떠나면 더 빨리 만나게 되지 않을까 라고 생각한다. 그러나 저승사자는 말한다. 저승사자가 되는 죄목 중에 가장 큰 것은 스스로 목숨을 끊는 것이라고, 드라마는 OECD국가 중 대한민국이 자살률 1위란 것을 감안해 자살예방캠페인까지 벌였다.

7.

남자는 자정 10시 쯤 호텔의 룸을 잡았다. 그리고 현아에게 전화를 했다.

“왔어.”

“어디에요?”

“H호텔.”

“몇 호세요?”

“괜찮으니? 이런데 드나들어도?”

“가족이잖아요.”

남자는 현아를 왜 만나러 왔을까. 막상 도착하니 망설여졌다. 하지만 여기까지 와서 그냥 돌아간다면 그냥 돌아가서 후회할 것 같았다. 잠깐 만나는 거야 뭐 그리 흉 될게 있을까 싶었다.

“아빠! 저녁은?”

로비에서 기다리고 있는 남자를 보자 현아는 아내처럼 남자의 저녁 식사를 걱정했다. 남자는 비위가 상했다.

“네가 마누라냐? 밥 걱정하게?”

“못 뵌 사이에 많이 야위셨어요.”

"기분 탓이겠지."
"아빠 출근 안 하시면 저희 집에 와 계세요. 제가 챙겨드릴게요."
"네가 왜?"
"아빠니까요. 사랑하는 아빠니까요. 앞으로 저 안 보실 거에요?"
"안 봐! 왜 봐?"
"그럼 오늘은 왜죠?"
"네가 오라 하지 않았나?"
"그럼 다음에 또 오시라 하면 오실 거죠?"
"아니!"
"칫~"
"뭐가 칫이야. 또 부르게?"
"무서워~~"
"안 무서워! 불러도 돼!"
현아는 남자의 곁으로 다가와 팔짱을 꼈다.
"올라가자. 8층야. 넌 아직 유명인 아니지? 호텔 룸 드나든다고 사정에 걸릴 것 없고?"
"괜찮아요. 걸리면 그만 두죠 뭐. 아빠 계신데…"
"내가 왜? 나 믿지 마라"
무엇이든지 시작은 어색하고 불편했다. 남자는 룸서비스로 양주를 시켰다. 술을 못하는 현아에게는 콜라를 조금 타주었고 자신은 얼음을 넣었다. 그리고 남자는 술잔을 들고 창가로 갔다.
"넌 거기서, 난 여기서 마시자."
남자는 술잔을 들고 창가에 서있었다. 현아는 쇼파에 앉아있었다.
"오세요. 가까이 오세요. 대화를 악쓰면서 할 수 없잖아요."
"그런가?"
남자는 현아와 마주 앉았다.
"연둣빛 새순들이 아름다워서…"

남자는 창밖을 보며 중얼거렸다.

"꽃도 예뻐요. 많이 졌지만요."

"그래… 이렇게 아름다운 세상… 살아보자. 못 살아보고 간 사람들 몫까지… ."

"아빠! 저하고 아빠는 같은 사랑을 잃었어요. 아빠는 엄마까지… 근데 왜 저를 멀리 하려 하세요?"

"내게 너는 아들야. 또한 난 네게 서일이겠고. 그게 우리가 안 만나야 할 이유가 되지 않나?"

"아빠를 보면 마음이 따듯해져요. 안정이 돼요. 서일씨 아버님이니까. 전 보고 싶어요."

"서일이 대신이겠지."

"아니라고 말하면 거짓말이겠지만 꼭 그런 것만은 아닌 것 같구요."

남자는 순간 긴장했다. 그리고 천천히 술을 따랐다. 다음 말을 기다리고 있었다.

"아닌 것 같은 것은 뭔가? 너 나한테 흑심 있나?"

"하하~아빠 그런 건 여자가 하는 말이죠. 남자가 해요?"

"그런가?"

남자는 머쓱했다.

"천천히 마셔요."

"불안하냐? 그러면서 뭣 땜에 보고 싶어 해?"

"보고 싶어요. 보고 싶어요. 미칠 것 같아요."

현아는 술을 마시기 전인데 벌써 감정이 격해있었다.

"마시지 마라. 그러 길래 나를 왜 보고 싶어 해? 상처만 성날 뿐인데…"

"그런 아빠는 왜 절 보러오셨어요?"

"네가 불렀으니까."

"부른다고 오나요? 아빠도 제가 보고 싶은 거잖아요. 그죠?"

"그럼, 난 갈란다."

"이그~~어른이 아기처럼 삐치고 그래요."

"그래 나도 네가 보고 싶다. 맞아."

현아는 울먹이기 시작했다.

"미안해요. 아빠는 엄마까지…"

"사랑하는 사람들을 잃는 건 산 자의 고통이지, 세상 사람들 모두, 죽음으로 이별하지 않은 사람들은 없어. 다 견디며 살아, 세월이 흐르면 성난 상처에 더께가 앉고 새살이 돋지. 그래서 견딜 수 있는 거야. 넌 잘하고 있으면서 왜 그러는데?"

"너무 아파요. 정말요! 아빠도 못견뎌하고 계시잖아요. 회사까지 그만두시고…"

"어쩜 난 너보다 더 유치한지도 몰라."

"……"

"도깨비 드라마에서는 우리도 모르는 사이 전생과 이승을 넘나들지 않던? 우리도 기다려 보자. 너는 서일을, 난 서일과 서일엄마를 만나는 그런 기적이 일어나기를…"

"우리는 그런 기적으로 보상 받을만한 선행이나 업적이 없잖아요."

"누가 아누? 너와 나의 전생에 그런 일을 한 적이 있었는지… 유치하지? 사실 지금 난 어떻게 해야 할지 몰라 쩔쩔매고 있는 중야. 네게 부끄럽다. 견디는 힘이 어른인 나보다 네가 나아. 장하다. 시간이 흐르면 미쳐버릴 것만 같은 이 답답함도 사라지겠지. 나 자신을 믿어보려고 한다. 나도 일을 시작해야할 것 같다."

현아가 눈물을 훔쳤다.

"손 내밀면 잡힐 것 같고, 목소리가 들리는 것 같기도 하고, 등 뒤에 서있는 것 같기도 하고. 어디선가 날 지켜보고 있는 것 같고. 보고 싶어요. 아빠를 보면 서일 씨와 같이 있는 것 같고. 제게 아빠는 서일 씨에요."

현아는 고개를 떨어뜨렸다. 남자는 현아에게 가까이 다가가 어깨에 손을 올렸다.

"봐라! 우리가 만나면 이렇게 될 수밖에 없는 거…"

"그래도 만나야 해요. 서일 씨 무게가 가벼워질 때까지요."

"너, 얼굴이 많이 상했네."

"일이 많아요. 사건도 많고…"

"널 괴롭히는 못된 상관은 없는가? 있음 말해."

"…?"

"한번 만나 보려고…"

둘은 마주보며 웃었다.

"여기서 자고 출근해라."

"그러고 싶은데… 내일 오전 재판이 있어서요."

"그럼 난 여기서 자고 내일 떠날게. 또 보자."

현아는 대답 대신 남자를 빤히 바라보았다. 눈동자의 움직임이 멈춰 보였다. 남자는 현아의 눈앞에 손가락을 흔들어 보였다.

"왜? 왜 그래?"

"약속해요! 우리 합의해요."

"내가 뭘 잘 못했나? 너하고 합의 봐야 할? 뭘?"

"지금부터 제가 하는 행동에 대해 법적 책임을 묻지 않겠다구요. 물론, 당연히, 저도 마찬가지구요."

"대답해요."

"그 어떤 것도 안 물어!"

"됐어요. 그럼!"

남자는 밑도 끝도 없는 여자의 법적 단속에 잠시 당황했었지만 얼핏 현아의 다음 행동에 짐작이 가 주춤했다. 순간 어떻게 하나였다. 어쩌면 남자도 극적인 이 순간을 기다리고 있었는지 모른다는 생각을 했다. 처음 현아를 태우고 춘천으로 오는 차 안에서 현아의 손이 닿을 때 전해오던 그 짜릿한 전율이 떠올랐다.

현아는 남자의 목을 끌어안고 기습적으로 입맞춤을 했다. 남자는 현아를 밀어낼 겨를이 없었다. 아니, 밀어내지 않았다. 떠난 아내에 대한 원망과 배반, 그리고 아들에 대한 분노와 배신 등이 채곡채곡 쌓여 서러웠던 감정이 한꺼번에 몰려왔다. 분출의 대상이 마치 현아이기라도 하듯 현아의 입술을 적극적으로 받아들였고 또한 거칠게 가슴에 품었다. 그리고 성난 파도 속을 사력을 다해 헤엄쳐나갔다. 구원은 높은 지성으로만 이루어지는 게 아니었다. 가장 낮은 곳에서 가장 낮은 방법으로도 이룰 수 있는 것임을 알았다. 남자와 현아는 이제 살아야 할 이유가 분명해졌다.

8.

현아와 헤어져 서울로 돌아온 남자는 퇴직한 회사를 찾아갔다. 사표수리가 안 됐는지 퇴직금 정산이 되지 않아 궁금했다. 사실 그만 두려 했던 회사에서 다시 받아준다 해도 염치없는 일이었다. 결근일수가 너무 길었기 때문이었다. 그러나 대표는 오늘을 기다렸다고 하며 밝게 반겼다. 덴마크의 한 회사와 곧 계약이 이루어질 것 같다고 했다. 그러잖아도 남자를 집으로 찾아가려 했는데 나와 주어서 반갑고 고맙다고 했다. 남자는 대표의 환대에 못 이기는 척 주저앉기로 하였다. 대표는 남자에게 곧 계약이 성사 될 덴마크의 대체에너지 시설 계획에 한국의 기술이 참여할 거라고 하였다. 대표는 아직 말하기 이른 감이 있지만, 혹 계약이 돼 그곳에서 일하게 되면 가급적이면 좋은 사람 만나 결혼해서 떠났으면 좋겠다고 하였다. 주 팀장의 안정이 곧 회사의 안정과 번영에 직결되기 때문이라고 하였다. 남자는 고개를 흔들었다. 남자는 결혼이란 말을 듣자 펴

뜩 머리를 스치는 것이 있었다. 이번 프로젝트가 끝나면 한국에 돌아오지 않아야겠다는 것이었다. 가족이 없는 한국에 다시 돌아오고 싶지 않았다. 가족사의 아픔만 기억 될 이 땅이 싫었다. 대표도 남자를 해외파로 만들 계획인 것 같았다. 아내를 잃은 지 몇 달 되지 않은 남자에게 결혼을 권하는 것을 보면 그랬다.

"몇 년 프로젝트인가요?"

"5년 프로젝트인데 이곳이 끝나면 다른 나라로 이어질 겁니다. 그렇게 되게끔 할 겁니다. 현재 몇 나라와 계속 접촉 중이고… 어쩜 주 팀장은 한국에 쉽게 돌아오지 못할 것 같은데요. 해외지사에서 은퇴하셔야 할지도 모르겠어요. 괜찮으시죠?"

"……"

"대체에너지 공사를 하려는 나라들이 점점 많아지고 있습니다. 훌륭한 기술들을 가지고 있으면서도 우리나라의 기술력의 도움을 청하는 나라들이 많이 있어요. 주 팀장의 역할이 크고 중요합니다. 잘 부탁합니다."

대표는 일어나 공손히 허리를 굽혀 인사를 했다. 남자는 당황했다. 대체에너지란 가까이 있는 나무와 같은 자연이나 폐기물인 쓰레기 등을 에너지로 전환해 이용하는 것이었다. 남자는 태양광선열뿐만 아니라 여러 분야에서 대체에너지를 기획하고 설치할 수 있는 기술자였다. 설계하고 시공해 그 에너지를 사용하는 데까지 참여했다.

9.

상처가 깊을 때는 상처를 준 사람과의 추억이 담겨있는 지역을 떠나있는 것도 치료의 한 방법이었다. 사표를 냈던 자신을 다시 받아 준, 그것도 남자의 실력을 인정하며 받아준 대표에게 진심으로 감사했다. 남자는 새로운 프로젝트에 집중하느라 예전의 바쁜 모습으로 돌아갔다. 온종일 슬퍼할 새가 없었다. 아팠다가 슬펐다가 잊었다가 하며 하루를 보냈다. 간혹 즐거운 일에 빠져 행복할 때는 아내와 아들에게 미안해 숙연해지곤 하였다.

시설 전체를 맡는 공사는 아니었지만 프로젝트는 예상보다 컸다. 회사는 이 계약을 따내기 위해 회사의 모든 것을 거는 눈치였다. 거기에 부응하는 노력을 해야 한다는 것쯤은 잘 알고 있었다. 상실의 슬픔에 빠져 무력하게 지낼 겨를이 없었다.

그즈음 현아에게서 전화가 왔다. 목소리를 듣는 순간 잊고 싶었던 아픔이 사르르 살아났다.

"사표수리가 안 되어 있더라구."

"축하드려요."

"고맙다. 암튼 바빠졌어."

"오시라고 못하겠네요. 바쁘셔서…"

"넌 매번 어른을 오라고 하냐?"

"죄송해요. 아버님 이번 주 일요일은 어떠세요? 제가 집으로 갈까요?"

"근데 너 왜 또 아빠라고 안 하나? 강남역 근처에서 보자. 시간과 장소는 네가 정해."

거절할 수 없어 대답은 했지만 썩 내키지는 않았다. 남자는 격렬했던 그 날을 떠올리면 현아를 보는 일이 부담스럽고 민망했다. 이 또한 시간이 흐르면 서로 잊고 살아가겠지 느긋하게 마음먹기로 했다. 살아있는 인연이 그리 쉽게 끊어질 것 같지 않았다. 남자는 현아가 알려 준 장소로 나갔다. 그리고 확연하게 초췌해진 현아의 모습에 놀랐다.

"어디 아파?"

"아뇨."

"그럼 얼굴이 왜 그러니?"

"아직은 괜찮아요. 표 안 나요."

"무슨 표?"

"임신 표시요."

남자는 잠시 긴장했다. 그리고 서일이 떠난 달을 계산했다.

"서일인가?"

"……"

"왜? 대답을 안 하나? 몇 개월인가?"

남자는 물음에 답을 들을 새 없이 현아의 손을 잡았다.

"고맙다. 너 혼자 고생하겠구나. 내가 춘천으로 이사해야겠다."

"회사는요?"

"너를 도와줘야 할 것 같아. 그만 둘 거야."

"아빠! 무슨 그런 경솔한 말씀을요."

"고맙다. 서일 어미도 좀 참았으면 되었을 것을 그랬구나. 이렇게 살아 돌아 올 것을…"

"쌍둥이 여아에요."

"둘씩이나? 힘들어서 어쩌지?"

"여자들은 모두 혼자 해요. 걱정하지 마세요."

"…고맙다."

남자는 종족보존의 책임을 다 하고 떠난 아들 서일에게 감사했고, 또한 책임을 다 하려는 현아의 노력에 감동했다. 그동안 남자를 통해 서일을 느끼려는 듯한 현아의 감정을 정리해주려, 의도적으로 멀리하려 했고 데면데면하게 대해온 자신의 태도를 바꾸기로 하였다.

"네가 이렇게 소중할 수가 없구나."

남자는 조금 전 한 말을 다시 또 했다. 자꾸 자꾸 해야 현아가 진심으로 기뻐하고 감사하는 자신의 마음을 알아줄 것 같았다. 유치하지만 분명한 말로 확실하게 표현해 남자의 마음을 전달하고 싶었다.

"아빠두 참! 그만 하세요."

"좋아서 그렇치!"

"아빠 아기였음 더 기뻐하시겠네요."

남자의 눈이 놀란 채 현아를 바라보았다.

"넌 무슨 말을 그렇게 하는 거냐?"

"아빠도 젊으세요. 샤프하고 멋져요. 좋은 분 만나세요."

"아기가 놀랄라. 조심해!"

현아는 고개를 숙였다.

"너! 혹시 후회하는 건 아니겠지? 다른 맘 먹으면 안 된다."

"참! 아빠두… 쌍둥이라서 배가 풍선처럼 부풀어 오를 게 걱정돼요."

남자는 가족을 잃은 슬픈 지옥에서 천상에 오른 느낌이었다. 황홀했다. 하지만 쌍둥이라니 몸이 약한 현아에게 무리가 아닐 수 없었다. 그것이 임의대로 되는 일은 아니겠지만 쌍둥이를 출산 때까지, 남보다 몇 배로 겪을 현아의 고통과 고독이 측은했다.

"큰일 났구나. 둘씩이나… 힘들어서 어쩌지…"

이제 남자는 현아가 부르지 않아도 즐겁고 행복한 마음으로 춘천을 향했다. 임신 출산에 관한 책을 구해 읽고 임산부에게 좋다는 보양식은 갈 때마다 다르게 준비해갔다. 가족이 없는 현아를, 돌봐줄 사람은 남자밖에 없었다.

10.

현아의 임신을 반기는 남자의 태도에서 현아는 서일의 아이, 자신의 손자라고 단정하는 것임을 알았다. 서일은 결혼 날짜가 가까워지면서 현아를 자주 원했었다. 하지만 서일이 떠난 지 5개월이 넘었다. 남자는 자신의 아기일 거라는 생각은 하지 못하는 것 같았다.

현아는 사실을 말하고 싶었지만 남자의 지레짐작에 눌려 말할 용기를 잃었다. 늘 감정이 실리지 않는 딱딱한 말투로 대해오던 남자의 태도가 간살스러울 정도로 살가워졌다. 행복해 죽겠다는 표정으로, 첫아기 임신 소식을 들은 새신랑처럼 현아를 챙기려 하였다. 예상치 못하게 변한 남자의 다정한 태도를 보며 현아는 뱃속의 아기가 누구의 자식인 지는 중요하지 않겠다고 생각 했다. 어차피 유전자 검사 결과는 같을 것이 때문이다.

남자는 현아의 임신 날짜와 서일이 떠난 날짜와 얼추 맞는다고 생각했지만 찬찬히 되짚어 보니 아닌 것 같았다. 그렇다면 누구일까? 현아가 남자를 속이고 있는 것은 아닐까. 그러나 현아는 법관이었다. 금방 들통 날 거짓말을 할 리 없었다. 남자는 그날 밤 일이 떠올랐다. 그렇다면 그 장본인은 남자 자신일 수도 있겠다는 생각이 퍼뜩 머리를 스쳤다.

법적 책임을 서로에게 묻지 않겠다는 약속을 한 이후로 둘은 누가 먼저라고 말할 것도 없이 남과 여로 변해 버렸었다. 남자는 잊지 않았다. 떠난 아들을 향한 죄책감과 수치스러움에 잊고 싶었을 뿐이었다. 그래서 더 이상 얽히지 않겠다고 애써 다정하지 않았었다. 그런데 이젠 그날 밤 호텔에서의 일이 서서히 확대되어 드러나기 시작했다. 남자의 가슴이 두근거렸다.

남자는 현아를 춘천에 데려다 주던 날 함께 저녁을 먹은 레스토랑에 차를 주차했다. 그리고 그 식당으로 들어 가 커피를 시켰다. 잠시 생각할 시간이 필요했다. 남자는 어떻게 해야 하나. 모른 척, 해외지사로 떠나버릴까. 아님 청혼을 할까. 그러나 그것은 자신만의 생각일 수도 있었다. 현아의 생각은 다를 수 있었다. 남자의 생각으로 현아는 아기 때문에 남자를 선택할 상식적인 여자가 아니었다.

편집후기

험한 일을 하다 보니 작업 신이 많이 축납니다. 싸구려라고 불평을 해대자 아내는 이번엔 5만 원의 거금을 들여 샀다며 아껴 신으라고 내게 으름장을 놓습니다. 출근길 정신이 신발에 쏠려 한적한 길에 들어서자 차를 세웠습니다. 봉투를 뜯고 새 신을 신어봅니다. 말랑하며 튼실함이 맘에 들었습니다. 다시 신발을 벗어 원래의 신으로 바꾸어 신고 작업장으로 달렸습니다. 현장에 도착하여 신발을 챙기니 이런? 한 짝이 안보입니다. 생각하니 중간에 섰을 때 호들갑을 떨다 한 짝을 흘렸지 싶습니다. 다시금 돌아서긴 너무 먼 거리와 시간이라 할 수 없이 작업장으로 향했지만, 종일토록 신발이 맘에 걸렸습니다. 새 신이라 누가 가져갈 수 있고 아니면 청소부가 쓰레기통에 담아 갈 수도 있기 때문입니다. 하지만 신발 한 짝은 아무리 새것이라도 쓸모없음을 누구나 다 압니다. 퇴근 시까지 그 자리에 그냥 있을 수도 있습니다. 유명한 인도의 성자 간디의 일화를 떠올려봅니다.

사람들과 이야기를 나누다 막 출발하는 열차에 간디는 급히 뛰어올랐습니다. 그때 그의 신발 한 짝이 벗겨져 플랫폼에 떨어졌습니다. 당시의 인도 평민에게 신발은 귀하고 비싼 것이라 사기 힘들었습니다. 그렇다고 이미 출발한 열차를 다시 세워서 신을 주워 올 수도 없었습니다. 그때 간디는 다른 발에 신고 있던 신발을 얼른 벗어서 기차 밖으로 내 던졌습니다. 사람들은 모두 매우 놀랐습니다. 신발 한 짝이 떨어진 것만도 아까운데 다른 한 짝을 고의로 벗어 차 밖으로 던져버린 행동은 얼마나 어리석은 짓인가요? 사람들이 간디에게 물었습니다.

"아까운 신발을 어찌 그렇게 던져버리십니까?"

간디는 만면 가득히 웃음을 지으며 말하였습니다.

"어떤 가난한 사람이 떨어진 내 신발 한 짝을 주웠다고 생각해 보십시오. 그에게는 신발 한 짝이 아무 소용이 없을 것입니다. 하지만 이제는 나머지 한 짝마저 갖게 될 것이니 기쁘지 않겠습니까? 실은 내게도 한 짝의 신발은 소용없지요."

작업이 끝나기 바쁘게 나는 아침의 그 자리로 차를 몰았습니다. 신발 한 짝은 그 자리에서 한 치의 움직임도 없이 나를 기다리고 있었습니다. 성자 간디가 내 신발을 지켜준 것입니다.

최순실의 신발 한 짝이 화제가 된 적이 있습니다. 성자의 신과 비교함은 어불성설이지만 허드레로 신는다는 신발의 값이 대단하여 대중의 분노를 자아냈습니다. 자신밖에 모르는 못난 이 여인은 지금도 정국혼란의 중심에 서 있습니다. 이 와중에도 글쓰기에 정성을 들여 27호 출간에 참여해주신 우리 회원님들의 열정을 높이 기립니다. 출판기념회 때 뵙겠습니다.

동화작가 **정이식**